Friedrich-Wilhelm v. Seydlitz-Kurzbach
Leitung und Verwaltung im Industriebetrieb

Betriebswirtschaftliche Schriften

Heft 1

Leitung und Verwaltung im Industriebetrieb

Von

Dipl.-Kfm. Dr. rer. pol.
Friedrich-Wilhelm v. Seydlitz-Kurzbach

Mit 13 Textabbildungen

DUNCKER & HUMBLOT / BERLIN

Alle Rechte vorbehalten
Gedruckt 1955 bei Alfa-Druck, Berlin W 35

Vorwort

Wer sich mit dem Wirtschaftsleben industrieller Betriebe befaßt, stößt dabei immer wieder auf zwei Probleme besonderer Art: einmal das der Geschäftsleitung, zum anderen das der Betriebsverwaltung. Die zweckmäßige Lösung der Leitungsprobleme ist ein entscheidender Faktor für Aufstieg oder Niedergang der Betriebe, so wie die Betriebsverwaltung, insbesondere ihre Organisation, weitgehend die Wirtschaftlichkeit und Rentabilität beeinflußt. Der Kenntnis beider Problemkreise kommt daher erhöhte Bedeutung zu.

Die Fragen dieser lebensnotwendigen Institutionen der Betriebe sind jedoch bisher weder durch die Wissenschaft allgemeingültig durchforscht worden, noch hat die Wirtschaftspraxis sich eingehend mit ihnen beschäftigt. Man findet zwar ausgezeichnete Forschungsergebnisse auf bestimmten Teilgebieten der Organisation von wirtschaftlichen Unternehmungen, wie z. B. Fertigungsplanung, Verkaufs- und Büroorganisation, aber diese Teilgebiete stoßen nicht bis in den Kern, die Urzelle des betrieblichen Lebens, — die Geschäftsleitung —, vor. Sie vernachlässigen außerdem einen wesentlichen und umfangreichen Teil des Betriebes: die Betriebsverwaltung.

Diese Abhandlung behandelt systematisch die Organisation und die personellen Probleme der Geschäftsleitung und der Betriebsverwaltung — insbesondere bei industriellen Großbetrieben. Sie will der Wirtschaftspraxis die wissenschaftlichen Erkenntnisse auf diesen Gebieten vermitteln. Der erste Teil dieser Arbeit beschäftigt sich mit den Grundfragen von Leitung und Verwaltung, während anschließend in drei Abschnitten die Organisation der Geschäftsleitung und der Betriebsverwaltung sowie ihre personellen Probleme behandelt werden.

Inhalt

	Seite
Vorwort	5
Verzeichnis der Abbildungen	9

Erstes Kapitel: Einführung und Grundfragen

1. Betrieb und Leitung 11
   - a) Einführung 11
   - b) Grundaufgaben der Leitung und Leitungsfunktionen 13
   - c) Einteilung der Leitung 16
   - d) Bedeutung der Leitung für den Betrieb 17
2. Betrieb und Verwaltung 19
   - a) Einführung 19
   - b) Verwaltungsfunktionen 23
   - c) Bedeutung der Verwaltung für den Betrieb 24
3. Verhältnis zwischen Leitung und Verwaltung 26

Zweites Kapitel: Die Organisation der Geschäftsleitung

1. Leitungsorgan 28
   - a) Direktorialsystem 29
   - b) Kollegialsystem 31
   - c) Geschäftsordnung 36
2. Leitungsarten 38
   - a) Zentrale und dezentrale Leitung 38
   - b) Bürokratische und pretiale Leitung 42
3. Leitungshilfsmittel 44
   - a) Organisationsformen 44
   - b) Geschäftsverteilungsplan 54
   - c) Leitungsgehilfen 56

Drittes Kapitel: Die Organisation der Betriebsverwaltung

1. Grundlagen der zentralen und dezentralen Betriebsverwaltung . 58
   - a) Absolute und relative Zentralisation 58
   - b) Abteilungsbildungsprinzipien 59

2. Dezentrale Betriebsverwaltung 63
    a) Personalwesen 65
    b) Sozialwesen 66
    c) Sachverwaltung 66
    d) Rechnungswesen 69
    e) Allgemeine Verwaltung 69
    f) Kritik der dezentralen Betriebsverwaltung 69

3. Zentrale Betriebsverwaltung 74
    a) Personalwesen 75
    b) Sozialwesen 76
    c) Sachverwaltung 76
    d) Rechnungswesen 77
    e) Allgemeine Verwaltung 77
    f) Kritik der zentralen Betriebsverwaltung 78

4. Wirtschaftlichkeit der Betriebsverwaltung 80
    a) Meßbarkeit und Bewertung der Verwaltungsleistungen . . . 80
    b) Wirtschaftlichkeitsberechnungen 82

5. Die betriebsgünstigste Verwaltungsorganisation 85

6. Organisationsformen in der Betriebsverwaltung 87

Viertes Kapitel: Personelle Probleme in der Geschäftsleitung und in der Betriebsverwaltung
1. Personelle Probleme in der Geschäftsleitung 95
2. Leitungsnachwuchs und Leitungsnachfolge 97
3. Personelle Probleme in der Betriebsverwaltung 100
4. Organisationsgerechte Personalpolitik 102

Literaturverzeichnis 107
Verzeichnis der Abkürzungen 110

Verzeichnis der Abbildungen

Abb.		Seite
1	Beispiel für ein Direktorialsystem in der Geschäftsleitung	29
2	Beispiel für ein Kollegialsystem in der Geschäftsleitung	32
3	Beispiel für eine Linienorganisation	44
4	Beispiel für eine funktionale Organisation	45
5	Beispiel für eine Stab-Linienorganisation	47
6	Beispiel für eine Nebeneinanderschaltung von Verwaltungsstellen	61
7	Beispiel für eine Nacheinanderschaltung von Verwaltungsstellen	62
8	Beispiel für eine dezentrale Verwaltungsorganisation	67
9	Beispiel für eine dezentrale Verwaltungsorganisation	68
10	Beispiel für eine zentrale Verwaltungsorganisation	72
11	Beispiel für eine zentrale Verwaltungsorganisation	73
12	Beispiel für die Anordnungswege von Verwaltungsstellen im dezentralen Verwaltungssystem	91
13	Beispiel für die Anordnungswege von Verwaltungsstellen im zentralen Verwaltungssystem	92

Erstes Kapitel

Einführung und Grundfragen

1. Betrieb und Leitung

a) Einführung

In jedem industriellen Betrieb werden Leistungen erstellt und abgesetzt. Für die mengenmäßigen Leistungen bedarf es einer Beschaffung (Einkauf), einer Herstellung (Produktion, Veredelung) und eines Vertriebs (Verkauf) von Sachgütern. Einkauf, Produktion und Verkauf sind daher die Grundfunktionen jedes industriellen Betriebes. Zum Wirksamwerden eines Güterstromes müssen jedoch noch Leitung und Verwaltung hinzutreten. Beide sind nicht unmittelbar an der Gütererzeugung beteiligt, dennoch ist ohne ihr Tätigwerden keine Leistungserstellung, keine Leistungserfüllung möglich. Sie sind daher nicht minder wichtige wirtschaftliche Tätigkeiten und Funktionen wie Beschaffung, Herstellung und Vertrieb.

Das Problem der Leitung von Gemeinschaften und Organismen hat die Denker und Philosophen seit jeher beschäftigt. Zunächst befaßte man sich mit der Leitung des Staates, da die Wirtschaft in den vergangenen Jahrhunderten, ja Jahrtausenden, keine oder eine nur sehr geringe Rolle spielte. Platos Schrift „De re publica" ist ein gutes Beispiel dafür. Von Augustins „Gottesstaat" über Machiavellis „Principe" und Montesquieus „Esprit des Lois" bis zur Nordamerikanischen Verfassung von 1779 und dem Deutschen Grundgesetz von 1949 spannt sich der Bogen der Leitungsprobleme des Staates. Auch die Kirche und die bewaffneten Mächte aller Länder haben sich eingehend und seit Jahrhunderten mit den Problemen ihrer Leitung beschäftigt.

Leitungsprobleme in der gewerblichen Wirtschaft sind sehr viel jüngeren Datums. Vorher ließen die geringe Größe und die unentwickelte Technik in den Betrieben organisatorische Leitungsprobleme nicht auftauchen. Vielmehr beschäftigte man sich bis in die letzte Zeit fast nur mit den menschlichen Anforderungen an den Betriebsleiter, der meistens mit der Person des Unternehmers identisch war. Erst als die Wirtschaft sich im 19. Jahrhundert mächtig zu entwickeln begann, interessierte man sich für Leitungs- und Verwaltungsprobleme auch in wirtschaftlichen Unternehmen. Der erste, der sich mit ihnen eingehend beschäftigte, war Henri Fayol; kein betriebswirtschaftlicher Forscher, sondern ein Mann der Praxis, ein Ingenieur, selbst Leiter von bedeutenden Betrieben. Er stellte als erster „Prinzipien und Elemente der Verwaltung" auf. Das historische Verdienst Fayols besteht darin, daß er als erster

a) sich mit den Leitungs- und Verwaltungsproblemen in der neuzeitlichen Wirtschaft beschäftigte,
b) die Wichtigkeit von Leitung und Verwaltung in den modernen Betrieben erkannte,
c) den Versuch unternahm, „Prinzipien" und „Funktionen" für Leitung und Verwaltung aufzustellen,
d) das allgemeine militärische Befehls- und Verantwortungsprinzip (Linienorganisation) auch für die Wirtschaft passend fand und es systematisch in die von ihm geleiteten Betriebe einführte.

Vor Fayol gab Frederick Winslow Taylor bereits 1911 — auf Grund eines Vortrages im Jahre 1903 — sein Buch „Shop Management" (deutsch: „Die Betriebsleitung") heraus. Dennoch nennen wir Fayol vor Taylor. Denn Taylor — so sehr er die betriebswirtschaftliche Organisationslehre befruchtete — beschäftigte sich doch vorwiegend mit den Problemen der Arbeitsvorbereitung, Arbeitsausführung und den Zeitstudien; oder anders ausgedrückt: er wollte die technische Produktivität in den Betrieben heben. Daß er bei diesen Überlegungen Wertvolles zum Problem der Leitungsorganisation beigetragen hat, ist unbestritten. Wir werden im Abschnitt über die Organisationsformen nochmals auf beide zurückkommen.

In jedem Betrieb wird geleitet. Der Generaldirektor an der Spitze der Unternehmung leitet ebenso wie die ihm unterstehenden Abteilungsleiter, Werkmeister oder gar Vorarbeiter. Denn überall dort, wo — ganz allgemein gesprochen — von einer Person Anordnungsrechte über andere Personen oder Sachen ausgeübt werden, wird geleitet. Für diesen Begriff „Leitung" in seiner allgemeingültigen Bedeutung ist es gleichgültig, ob der jeweiligen Leitung ein enger oder weiter Rahmen gezogen wird, in welcher Instanzenhöhe sie in Erscheinung tritt oder bei welcher Aufgabendurchführung sie tätig ist. Von den in jedem Betrieb auf ganz verschiedenen Ebenen und Instanzenhöhen tätigen Leitungen ist eine ganz bestimmte Leitung sowohl innerhalb des Betriebes als auch für die Außenwelt für den *Gesamtbetrieb* verantwortlich. Alle übrigen Leitungen haben nur für einen *teilbetrieblichen Bereich* Geltung. Wir müssen daher zwischen gesamtbetrieblichen und teilbetrieblichen Leitungen unterscheiden, deren Arbeit sich in Leitungsorganen vollzieht. Teilbetriebliche Leitungsorgane können ihren Wirkungskreis sowohl auf Teilbetriebe (Bereiche, wie z. B. der Produktions- oder Verkaufsbereich) als auch auf einzelne Betriebsteile (z. B. Abteilungen und deren Untergliederungen) erstrecken.

Aus der Vielfalt der in jedem Betrieb tätigen teilbetrieblichen Leitungen ergibt sich logischerweise die Forderung, daß eine Leitung da sein muß, die den verschiedenen teilbetrieblichen Leitungsorganen die Aufgaben zuweist, sie überwacht und steuert. Diese Leitung ist die Geschäfts- oder Betriebsleitung. Ohne das Bestehen einer solchen Leitung ist jede geordnete, reibungslose betriebliche Arbeit und damit die Durchführung der Betriebsaufgabe, — nämlich die Erstellung und Abgabe marktreifer Erzeugnisse —, unmöglich. Eine solche Leitung muß aber auch noch aus einem zweiten Grund vorhanden sein. Da jeder Betrieb durch die Betriebsaufgabe unlösbar mit der Volkswirtschaft verbunden ist, muß es innerhalb des Betriebes ein Organ geben, das diese Betriebsaufgabe erkennt, sie aufnimmt und durchführt. Dies kann wiederum nur die Geschäfts- oder Betriebsleitung sein. Ob diese Leitung aus einer Person oder einer Personenmehrheit besteht, ob sie Eigentümer des Betriebes oder „Manager" ist, ist dabei gleichgültig.

Neuerdings hat man die Leitungsorgane der Kapitalgesellschaften in solche der „primären" und „sekundären" Betriebsführung eingeteilt[1]. Hierbei zählt der Vorstand der Aktiengesellschaft bzw. der oder die Geschäftsführer der G. m. b. H. zur primären Betriebsführung, während man zur sekundären Betriebsführung den Aufsichtsrat der Aktiengesellschaft oder den Beirat in einer G. m. b. H. rechnet. Wir beschäftigen uns hier nur mit der primären Betriebsführung. *Leitung in unserem Sinne ist also nur die Geschäfts- oder Betriebsleitung. Sie ist jenes Organ, welches die Betriebsaufgabe verantwortlich gestaltet und ihre Durchführung bewirkt. Ihr Wirkungskreis umfaßt stets den Gesamtbetrieb.* Daß die Erstellung einer größtmöglichen Anzahl marktreifer Erzeugnisse nach wirtschaftlichen Grundsätzen vor sich gehen muß, ist in den Komplex der Betriebsaufgabe miteinbezogen. Die *Geschäfts- oder Betriebsleitung ist zugleich eine Funktion des Betriebes.* Sie ergänzt nicht nur die drei typischen und unerläßlichen Grundfunktionen jedes industriellen Betriebes (Beschaffung, Produktion und Vertrieb), sondern faßt diese auch zu einem einheitlichen Ganzen zusammen. Die Geschäftsleitung bewirkt erst, daß aus einzelnen Grundfunktionen der konkrete Organismus „Betrieb" entsteht, der mehr ist als die Summe seiner Teile.

b) Grundaufgaben der Leitung und Leitungsfunktionen

Jede Leitung im Betrieb — gleich welcher Art — muß grundsätzlich zwei Aufgaben erfüllen: einmal die der *Initiative*, zum anderen die der *Koordinierung* aller ihr anvertrauten und unterstellten Personen und Betriebsmittel. Beide Aufgaben sind von so entscheidender Bedeutung, daß wir sie als *Grundaufgaben* jeder Leitung bezeichnen. Ohne das Vor-

---
[1] C. *Wirtz*, Artikel: „Die betriebswirtschaftlichen Grundlagen und Formen der Betriebsprüfung". Enthalten in der Zeitschrift „Die Wirtschaftsprüfung", C. E. Poeschel Verlag, Stuttgart, Jg. 1948, Heft 6, Ausgabe B, S. 20.

handensein dieser beiden Merkmale ist jede betriebliche Leitung undenkbar.

Von der Geschäftsleitung muß die Initiative ausgehen, die allgemeine latente Marktaufgabe in die spezielle Betriebsaufgabe zu transformieren. Diese Aufgabe der Initiativentfaltung ist für den Betrieb von entscheidender Bedeutung und erstreckt sich auch auf die Anpassung des Betriebes an die jeweils übernommene Aufgabe.

Die Grundaufgabe der Koordinierung erfordert von der Geschäftsleitung die Anpassung des gesamten Betriebsorganismus an den ständig Schwankungen unterworfenen Markt und die sich ebenfalls stetig ändernde Wirtschaftsstruktur. Sie ergibt sich ferner aus der unterschiedlichen Auslegung der einzelnen Pläne und Programme von seiten der teilbetrieblichen Leitungsorgane, insbesondere hinsichtlich ihrer Wichtigkeit für den Gesamtbetrieb und aus dem Problem der Vorrangaufgaben im Betrieb. Ohne Koordinierung ist es nicht möglich, alle geistigen und materiellen Kräfte des Betriebes zur reibungslosen Durchführung der Betriebsaufgabe ständig aufs neue zusammenzuführen und zusammenzuhalten.

Zur Gestaltung der Grundaufgaben muß jedes Leitungsorgan mit *Leitungsfunktionen* ausgestattet sein. Hierbei ist es gleichgültig, ob sich der Wirkungskreis des Leitungsorgans auf den Gesamtbetrieb, auf Teilbetriebe oder nur einzelne Betriebsteile erstreckt. Nominell werden von allen Leitungen im Betrieb — von der Geschäftsleitung bis zum letzten noch „leitend" Tätigen im Betrieb — die gleichen Leitungsfunktionen ausgeübt. Der Wirkungskreis, der sachliche Inhalt und das Gewicht der Leitungsfunktionen ist jedoch nach der Instanzenhöhe und der speziellen Leitungsaufgabe verschieden. Wir werden auf diese Frage später nochmals zurückkommen.

Jede Durchführung einer Aufgabe, die sich über einen längeren Zeitraum erstreckt, verlangt zunächst Planung, womit als erste Leitungsfunktion der Geschäftsleitung die der *Planung* genannt werden muß.

Zur Planung muß aber die *Disposition* treten. Sie ergibt sich aus zwei Gründen:

1. weil der Planung begrifflich das Denken über längere Zeiträume innewohnt; es gibt aber im täglichen Betriebsleben auch Dinge zu regeln, die kurzfristiger Natur sind,
2. keine Planung kann alles so umfassend und endgültig planen, daß nach erfolgter Planung der Betrieb mechanisch wie ein Uhrwerk abläuft. Jede, auch die eingehendste Planung muß — schon aus Gründen der elastischen Anpassung an unvorhergesehene Ereignisse — Spielraum lassen für Dispositionen der Betriebsleitung, die freilich im Rahmen der Gesamtplanung ihre notwendige Begrenzung finden.

Die Disposition regelt mithin das, was durch die Planung aus sachlichen oder zeitlichen Gründen nicht bestimmt werden kann oder soll.

Pläne und Dispositionen bedürfen einer klaren Entscheidung. Der Geschäftsleitung muß der Wille innewohnen, zu entscheiden und damit die Verantwortung den im Betrieb Tätigen, der Umwelt und der Betriebsaufgabe gegenüber zu übernehmen. Die *Entscheidungsfunktion* ist eine Notwendigkeit für jede Betriebsleitung.

Neben die Entscheidungsfunktion — oft ihr zeitlich vorangehend — tritt die *Ausgleichsfunktion*. Diese Leitungsfunktion ergibt sich aus dem Vorhandensein von verschiedenen menschlichen Temperamenten und den naturgemäß vorhandenen subjektiven Ansichten aller in einem Betrieb beschäftigten Personen. Die Ausgleichsfunktion ist die notwendige Ergänzung der mit der Gestaltung der Betriebsaufgabe und der Lösung der Grundaufgaben zusammenhängenden menschlichen Probleme, die durch Planung und Disposition allein niemals gelöst werden können. Diese Funktion kennzeichnet die ständigen Bemühungen der Geschäftsleitung um einen sinnvollen Ausgleich aller im Betrieb wirkenden Kräfte zum Wohle und im Interesse des Gesamtbetriebes und der in ihm tätigen Personen.

Das, was die Planung erdacht hat und durch Disposition geregelt werden soll, was ferner bereits entschieden worden ist, bedarf zum Vollzug und zur Ausführung der *Anordnung*. Die Anordnung erst setzt die in den oben ausgeführten Funktionen innerhalb der Geschäftsleitung zum Ausdruck gekommenen Gedanken und Impulse in die Tat um. Ohne Befehlsgewalt der Geschäftsleitung gibt es keine wirtschaftliche Leistung, keine wirtschaftliche Tat. Anordnung und Disposition sind hier begrifflich nicht identisch; auch die Disposition muß angeordnet werden, damit aus gedanklicher Arbeit Taten entstehen. Infolge des dem Begriff der Disposition innewohnenden Moments der Kurzfristigkeit fallen im praktischen Leben oft Disposition und Anordnung zusammen. Beide Begriffe und Funktionen sind aber auseinanderzuhalten.

Als nächste Leitungsfunktion folgt die *Kontrolle*. Sie ist das Instrument der Geschäftsleitung, welches die Wirksamkeit der übrigen Funktionen anzeigt.

Die vorstehend aufgeführten Grundaufgaben der Initiativentfaltung und Koordinierung sowie die Leitungsfunktionen Planung, Disposition, Ausgleich, Entscheidung, Anordnung und Kontrolle sind — wie bereits erwähnt — nominell, d. h. *in formalem Sinne* die gleichen für jede Art von Leitung im Betrieb. Ihr *materieller Inhalt*, insbesondere ihr Wirkungskreis variiert je nach der Instanzenhöhe, auf der die Leitungsorgane arbeiten. Die Leitungsfunktion Planung hat z. B. bei einem Werkmeister einen anderen Umfang und Inhalt als bei seinem Vorgesetzten, dem Abteilungschef. Dessen Leitungsfunktion Planung ist wiederum anders geartet und hat einen anderen Wirkungskreis als die des Unternehmers. Dasselbe gilt sinngemäß für die übrigen

Leitungsfunktionen. Auch das Gewicht der Grundaufgaben und einzelnen Leitungsfunktionen ist je nach der Instanzenhöhe verschieden. So ist z. B. die Ausgleichsfunktion in bezug auf den Gesamtbetrieb für einen Vorarbeiter oder Werkmeister im allgemeinen von geringerer Bedeutung als für den Unternehmer. Denn wie Vorarbeiter und Werkmeister sich zu ihren Untergebenen, den Arbeitern, einstellen, hängt fast immer von der Haltung, den Wünschen und der Zielsetzung der Geschäftsleitung ab. Deshalb ist die Einstellung der Geschäftsleitung zu den zwischenmenschlichen Beziehungen (Human Relations) von entscheidender Bedeutung. Die Ausgleichsfunktion spielt daher im heutigen Wirtschaftsleben zur Führung des Gesamtbetriebes eine nicht zu unterschätzende Rolle.

Die bisher aufgeführten Leitungsfunktionen bezeichnen wir als *allgemeine Leitungsfunktionen*, da sie allen betrieblichen Leitungsorganen immanent sind. Dagegen ist die *Repräsentation* eine *spezielle Leitungsfunktion*. Sie wird nur von der Geschäftsleitung und nicht von teilbetrieblichen Leitungen ausgeübt. Sie ergibt sich für die Geschäftsleitung aus der Stellung des erwerbswirtschaftlichen Betriebes im Markt im Rahmen der heute gültigen Marktordnung. Solange die Marktordnung der Konkurrenz und freien Konsumwahl aufrechterhalten bleibt, ist die Repräsentationsfunktion — gerade für die Leitung eines Großbetriebes — eine Notwendigkeit. In ihr sind Werbung und rechtliche Vertretung mit eingeschlossen.

c) Einteilung der Leitung

Zur *Leitung im engeren Sinne* gehören diejenigen Personen im Betrieb, die ihre Leitungsbefugnisse aus ihrem Recht am Eigentum oder aus Verträgen mit den Eigentümern herleiten. Im ersten Fall handelt es sich um Unternehmer, im zweiten um Geschäftsführer oder Vorstandsmitglieder. Es ist denkbar, daß die Leitung im engeren Sinne alle Leitungsfunktionen ausübt. Es gibt aber zahlreiche Unternehmer — bei mehrköpfigen Vorständen findet man es weniger häufig —, die einige Leitungsfunktionen an andere Personen delegiert haben. Soweit diese Personen dann Funktionen der Geschäftsleitung ausüben, zählen sie zur *Leitung im weiteren Sinne*. Dies können z. B. Betriebsleiter oder Leiter von besonderen „Stabsdienststellen" sein, die meistens Prokuristen sind und weitgehende Vollmachten und Leitungsbefugnisse haben. Als Beispiel seien die Rechtsabteilung oder die Organisationsabteilung genannt. Zur *Leitung im weitesten Sinne* gehören alle Personen, die, ohne daß ihnen Leitungsfunktionen ausdrücklich übertragen worden sind, dennoch einen so weitgehenden Einfluß auf die Leitung und damit den Betrieb ausüben, sei es durch Beratung oder andere Einflußnahme, daß sie zur Leitung gezählt werden müssen. Hierzu wird man z. B. freiberufliche Berater, aber auch alle diejenigen Personen rechnen, die auf Grund außerwirtschaftlicher Beziehungen weitreichende Einflüsse auf die Leitungsorgane haben.

Die Delegierung von Leitungsfunktionen gewinnt gerade im Großbetrieb besondere Bedeutung. Planung und Kontrolle nehmen darin oft einen so beherrschenden Platz ein, daß hierzu eigene Abteilungen benötigt werden. Überall dort, wo die Leitung im engeren Sinne aus nur einer Person oder sehr wenigen Personen besteht, aber die Größe des Betriebes, das Produktions- und Vertriebsprogramm oder das Herstellverfahren für die Durchführung der Betriebsaufgabe eingehende Spezialkenntnisse verlangt, neigt man dazu, Leitungsfunktionen zu delegieren und damit die Leitung im engeren Sinne zu erweitern. Oft führen auch rein subjektive Beweggründe der engeren Leitung, wie z. B. der Wunsch nach persönlicher Entlastung oder Schwierigkeiten im Umgang mit Untergebenen und ähnliche rein persönliche Motive, zu einer Delegierung von Leitungsfunktionen.

Die Repräsentationsfunktion, die Ausgleichs-, Dispositions- und Anordnungsfunktion können von der Geschäftsleitung auf Personen der Leitung im weiteren Sinne delegiert werden. Auch die Planungsfunktion wird vielfach abgegeben. Die Übertragung dieser Leitungsfunktionen kann sowohl ständig als auch temporär sein. Stets behält sich aber die Leitung im engeren Sinne die Entscheidungs- und Kontrollfunktion vor. Diese beiden Funktionen sind die Schlüsselfunktionen. Ihre Delegierung käme praktisch einem Verzicht auf jegliche gesamtbetriebliche Leitung des Betriebes gleich. Ebensowenig kann die Leitung im engeren Sinne ihre Grundaufgaben für den Gesamtbetrieb delegieren, die wir als Initiative und Koordinierung gekennzeichnet haben.

Wir unterscheiden daher:

a) *obligatorische Leitungsfunktionen*, ohne die eine Geschäftsleitung nicht gedacht werden kann (Entscheidung und Kontrolle),

b) *fakultative Leitungsfunktionen*, d. h. solche, die von der Leitung im engeren Sinne an die Leitung im weiteren Sinne dauernd oder nur vorübergehend delegiert werden können (Planung, Disposition, Anordnung, Ausgleich und Repräsentation).

d) Bedeutung der Leitung für den Betrieb

Die Bedeutung der Leitung ist für jeden Betrieb — unabhängig von dessen Größe, Art oder Wirtschaftszweig — die gleiche: sie ist der oberste Willensträger, die höchste Stelle, das oberste Organ im Betrieb. Sie fällt die letzten Entscheidungen, übernimmt verantwortlich und repräsentativ die Risiken, insbesondere das Betriebsrisiko, welches bei Personenunternehmungen mit der Frage des Seins oder Nichtseins, dem vollen und letzten persönlichen Einsatz verknüpft ist. Von der

Leitung gehen die Impulse aus, die den Betrieb durch die Fährnisse und Gefahren des Wirtschaftslebens steuern und ihn ständig an die veränderte Marktlage anpassen. Die Leitung ist der verantwortliche Träger für die Sicherung und qualifizierte Entwicklung des Betriebes.

Für den Großbetrieb wird diese Bedeutung der Leitung noch relativ größer. Dies liegt in mancherlei Faktoren begründet, die wirtschaftlicher und außerwirtschaftlicher Art sein können. So ist die Anzahl der im Großbetrieb Beschäftigten ungleich größer als die in Mittel- und Kleinbetrieben. Damit hängen mehr Menschen mit ihrem Arbeitseinkommen vom Bestehen eines einzigen Betriebes ab. Dies wird besonders deutlich, wenn in einer kleinen Stadt als industrielles Werk nur ein Großbetrieb vorhanden ist. Bei seiner Schließung werden durch die Interdependenz allen wirtschaftlichen Lebens nicht nur die unmittelbar im Betrieb Beschäftigten, sondern mittelbar durch den Ausfall der Kaufkraft und des Steueraufkommens auch die Gewerbetreibenden und die Allgemeinheit des Ortes betroffen. Der Name Salzgitter in Verbindung mit den nach 1945 durchgeführten Demontagen der ehemaligen Reichswerke drückt diese Gedankengänge vielleicht am klarsten aus.

Ferner sind die Anlagen und Einrichtungen des Großbetriebes größer und wertvoller als die kleinerer Betriebe. Die Frage der Substanz- und Kapitalerhaltung gewinnt besondere Bedeutung. Dies führt zum Problem der fixen Kosten und deren Deckung durch ständige Aufträge. Der Zwang, zu produzieren, ist für den Großbetrieb besonders drückend, er wird durch eine große Kostenremanenz noch verstärkt. Produktionstechnisch ist der Großbetrieb überwiegend auf ein Erzeugnis oder wenige Erzeugnisse bzw. Erzeugnisgruppen und oft auf Massenproduktion eingestellt. Er ist daher meistens nicht so elastisch, wie dies viele Klein- oder Mittelbetriebe noch sein können.

Zu berücksichtigen ist auch, daß sich zwischen der Leitung des Großbetriebes und der Masse der arbeitenden Menschen immer mehrere Instanzen einschalten, so daß es zu einem besonderen Problem wird, wie die Geschäftsleitung einerseits den Kontakt mit den im Betrieb Beschäftigten aufrechterhält, andererseits ihren Willen bis in die letzte Arbeitsstelle ihres Unternehmens wirksam durchsetzt.

Schließlich darf der wirtschaftliche Einfluß des Großbetriebes auf die politische und kulturelle Sphäre nicht vergessen werden. Dieser Einfluß besteht, ohne daß deswegen gegen die Leitung des Großbetriebes der Vorwurf des Machtstrebens oder einer gewollten Einflußnahme auf den politischen und kulturellen Bereich erhoben werden könnte.

Die Größe eines Betriebes allein bedeutet — unabhängig vom Willen der Leitung — fast immer ökonomische Macht und daher wirtschaftlichen, politischen und kulturellen Einfluß. Dieser Einfluß vollzieht sich sichtbar und unsichtbar, er wirkt sich z. B. in der sozialen Betreuung der Belegschaft, den Spenden für kulturelle, wissenschaftliche und religiöse Zwecke und selbst in der Art der gesellschaftlichen Repräsentation auf die Umwelt aus.

2. Betrieb und Verwaltung

a) Einführung

Daß man sich bisher kaum mit den Verwaltungsproblemen auseinandergesetzt hat, ist eigentlich erstaunlich. In der Praxis gewinnt nämlich infolge der Zunahme an Großbetrieben und der Kompliziertheit des betrieblichen Lebens überall in der Welt die Verwaltung mehr und mehr an Bedeutung. Tatsache ist aber, daß bis vor wenigen Jahren — ebenso wie das Problem Leitung — das Problem der Verwaltung hinter jenem des Kapitals, des Vermögens, der Arbeit und den Einzelfragen im Rechnungswesen, insbesondere der Bilanz, vollkommen zurücktrat. Erst neuerdings beschäftigt man sich mehr mit der Verwaltung in den Betrieben, wobei die Frage der Wirtschaftlichkeit der Verwaltung eine besondere Rolle spielt.

Grundsätzlich ist jede Betriebsverwaltung nichts Einheitliches, sondern ein vielzelliger Komplex. Dieser umfaßt die Pflege und Instandsetzung im weitesten Sinne von Menschen und Sachen, um einen größtmöglichen Wirkungsgrad in der Durchführung der Betriebsaufgabe zu erzielen (Personal- und Sozialwesen, Sachverwaltung). Der Betriebsverwaltung obliegt außerdem die Aufgabe, der Betriebsleitung zweckdienliche Mitteilungen für die Durchführung der Betriebsaufgabe zukommen zu lassen. Diese Mitteilungen können einmal aus dem Betrieb selbst anfallen, und zwar direkt aus dem Bereich der Sach- und Personalverwaltung, aus dem Bereich des Einkaufs, der Produktion und des Verkaufs oder indirekt aus dem Rechnungswesen. Zum anderen können diese Mitteilungen außerbetrieblicher Art, z. B. politisch, sozial und kulturell, sein. Ferner hat die Betriebsverwaltung innerhalb eines bestimmten Rahmens den ungestörten Ablauf des Betriebslebens zu sichern.

Wie wenig Homogenes der betriebliche Verwaltungskomplex beinhaltet, zeigt sich deutlich, wenn wir die Objekte und Aufgaben der Betriebsverwaltung nun im einzelnen betrachten:

1. Personalwesen
2. Sozialwesen
3. Sachverwaltung
4. Rechnungswesen
5. Allgemeine Verwaltungsangelegenheiten.

Personalwesen

Das Personalwesen umfaßt:

1. die technische Durchführung der Einstellung des Personals, gegebenenfalls auch auf Grund von Eignungsprüfungen. In welchem Umfang Personal benötigt wird, und welche Anforderungen gestellt werden müssen, bestimmt die Geschäftsleitung;
2. die Lohn- und Gehaltsfestsetzung, soweit sie auf Gesetzen, Tarifordnungen, Vorschriften usw. beruht, sowie die Lohn- und Gehaltsausrechnung und -auszahlung. Außertarifliche Gehaltsfestsetzungen sind Sache der Geschäftsleitung;
3. die planmäßige Beförderung, Lohn- und Gehaltserhöhung der Arbeiter und Angestellten. Alle außerplanmäßigen Lohn- und Gehaltserhöhungen sowie Beförderungen fallen in das Arbeitsgebiet der Geschäftsleitung;
4. die Ausbildung und das Bemühen um ein berufliches Weiterkommen der im Betrieb tätigen Arbeiter und Angestellten, wozu auch die Anlernung, Umschulung und Lehrlingsausbildung gehört;
5. die Kontrolle des Personals, insbesondere hinsichtlich Arbeitszeit, Überstunden, Urlaub und Krankheit.

Sozialwesen

Hierzu rechnet die Einrichtung und Unterhaltung von Wohlfahrtseinrichtungen aller Art, wie Kantinen, Sportplätze, Erholungsheime, Krankenhäuser, Werkswohnungen sowie Pensions- und Unterstützungskassen, ferner die Durchführung der Sozialbetreuung, wie z. B. Gesundheitsdienst, Invalidenwerkstätten und das Gebiet der Human Relations.

Sachverwaltung

Die Sachverwaltung umfaßt:

1. die Pflege und Instandsetzung von Maschinen, Anlagen, Inventar und Werkzeugen; sofern Reparaturen an betriebswesentlichen Objekten vorgenommen werden müssen, wird sich die Leitung den Zeitpunkt hierfür weitgehend vorbehalten;
2. den Einsatz der Handwerker;
3. die Dienstaufsicht über den Fuhrbetrieb und Fahrdienst;
4. die Lagerung und Ausgabe von Roh-, Hilfs- und Betriebsstoffen sowie Halb- und Fertigwaren;
5. die Ablage und Aufbewahrung von Schriftgut durch Archiv und Registratur sowie die Regelung der betrieblichen Postverhältnisse;
6. die Lagerung und Ausgabe von Büromaterialien (der Einkauf fällt in den Beschaffungsbereich);

2. Betrieb und Verwaltung

7. die Instandhaltung und gegebenenfalls Lagerung aller Nachrichtenmittel (Telefon, Fernschreiber, Zeitschriften);
8. die Durchführung der Haus- und Grundstücksverwaltung, vor allem die Instandsetzung von Betriebsgebäuden und betriebseigenen Wohnhäusern;
9. die Dienstaufsicht über das eingesetzte Lager- und Sachverwaltungspersonal.

Rechnungswesen

Zum Rechnungswesen gehört die Geschäfts- und Betriebsbuchhaltung, deren Hauptaufgabe die Schaffung von zahlenmäßigen Unterlagen für die Geschäftsleitung ist. Sie erstreckt sich vor allem auf den Nachweis der Wirtschaftlichkeit und Rentabilität. Das Rechnungswesen weist ferner die Erfolge bilanzmäßig im Kapital- und Vermögensbereich, innerbetrieblich vor allem im Material- und Arbeitsbereich aus.

Es kann kein Zweifel sein, daß jede Kapitaldisposition eine Leitungsangelegenheit darstellt. Sache des Rechnungswesens ist es, die notwendigen Unterlagen hierfür zu schaffen. Ebenso fällt die Entscheidung über die Aufstellung von Planzahlen und Soll-Ansätzen für das innerbetriebliche Rechnungswesen und die Kalkulation und deren Kontrollen stets in das Arbeitsgebiet der Geschäftsleitung. Das gleiche gilt für die Preispolitik, Art und Umfang der Finanzierung und die Bewertungsfragen in der Bilanz, wie überhaupt im gesamten Rechnungswesen, da diese Dinge für das Betriebsleben, die Geschäftspolitik und das Bestehen des Betriebes von einschneidender Bedeutung sind.

Allgemeine Verwaltungsangelegenheiten

Zu den Allgemeinen Verwaltungsangelegenheiten rechnen:
1. der Einsatz der Nachrichtenmittel und des Nachrichtenübermittlungsdienstes (Vervielfältigung und Botendienst);
2. die Beaufsichtigung und Kontrolle des ein- und ausgehenden Werkverkehrs an Personen, Fahrzeugen und Waren;
3. die Durchführung des Werkschutzes, einschließlich des Feuerlöschdienstes, des Pförtner- und Wachdienstes;
4. die Dienstaufsicht über das in diesen Abteilungen und Stellen beschäftigte Personal.

Es ist selbstverständlich, daß nicht alle theoretisch möglichen Verwaltungsaufgaben und -objekte aufgeführt werden konnten. Aber diese Hinweise und Erläuterungen geben unseres Erachtens bereits ein klares Bild, was zum Kreis der Verwaltungsaufgaben und -objekte gezählt werden muß. Ebenso klar muß herausgestellt werden, daß jede Stelle im Betrieb, die obige Aufgaben ausführt, damit stets Verwaltungsarbeit leistet, gleichgültig, welche sonstigen Funktionen diese Stelle ausübt und in welchen Bereich (Einkauf, Produktion, Verkauf) sie organisatorisch eingegliedert ist.

Zu klären ist noch, zu welchem Bereich diejenigen Stellen im Betrieb gehören, die man mit „Fertigungshilfsstellen" bezeichnet. Es sind dies besonders die Energiebetriebe (Eigenstrom-Erzeugung, Dampf- und Kühlanlagen) und jene Handwerksbetriebe, die fast nur für die Produktion tätig sind, wie z. B. Werkzeugbau, Modelltischlerei usw. Bei strenger Auslegung der Begriffe „Fertigung" oder „Veredelung" rechnen diese Organe zweifellos nicht zum Produktionsbereich und müßten begrifflich daher in jenen der Verwaltung eingereiht werden. Diese rein begriffliche Lösung ist jedoch unbefriedigend. Dazu ist der Arbeitsinhalt dieser Organe zu sehr mit der Produktion verbunden. Man muß daher zwischen einer *Betriebsverwaltung im weiteren und einer im engeren Sinne* unterscheiden. Bei einer weiten Auslegung des Begriffs der Betriebsverwaltung müssen die fraglichen Stellen mit einbezogen werden, während sie bei der engeren Auslegung zum Produktionsbereich zu zählen sind. Die letztere Anschauung ist die natürlichere. Wir beschäftigen uns daher nur mit der Betriebsverwaltung im engeren Sinne.

Ausgehend von dem Gedanken, daß der verantwortliche oberste Träger der Betriebsaufgabe die Geschäftsleitung ist, ergibt sich folgerichtig, daß jede Ausübung von Verwaltungsfunktionen nur im Auftrage der Geschäfts- oder Betriebsleitung erfolgen kann. Jede Stelle des Betriebes, die Verwaltungsfunktionen ausübt, ist daher der Geschäftsleitung gegenüber verantwortlich.

Die Durchführung der reinen Verwaltungsaufgaben vollzieht sich in Mittel- und Großbetrieben oft in besonderen Organen, d. h. Abteilungen, die nur Verwaltungsarbeit leisten. Dort, wo das der Fall ist, betrachtet man die Betriebsverwaltung nicht nur rein funktional-abstrakt, sondern auch konkret, als ein Organ, wie die verschiedenen Dienststellen (wir gebrauchen diese Bezeichnung synonym mit „Abteilung" oder „Stelle") der Produktion oder des Vertriebes. Alle Abteilungen, die nur Verwaltungsarbeit durchführen, fassen wir unter dem Begriff der „Betriebsverwaltung" zusammen, und nur diese Organe des Betriebes sind Objekt unserer Ausführungen. Daß neben den speziellen Verwaltungsstellen auch andere Stellen des Betriebes Verwaltungsfunktionen ausüben, ist selbstverständlich. So kann z. B. die Verkaufsabteilung das Fertigwarenlager verwalten, welches dann organisatorisch zur Verkaufsabteilung und nicht zu einer Verwaltungsdienststelle gehören würde.

Zusammenfassend stellen wir fest: Jedes wirtschaftliche Unternehmen benötigt stets zur Durchführung der Betriebsaufgabe eine

Betriebsverwaltung; weder die Grundfunktionen noch die Geschäftsleitung vermögen die Betriebsaufgabe allein zu bewerkstelligen. Sie ist vor allem organisatorisch notwendig zur Erleichterung der Arbeit aller Leitungsorgane und der Grundfunktionen; erst die Organe der Betriebsverwaltung machen diese frei für ihre eigentlichen betriebsindividuellen Aufgaben. *Die Betriebsverwaltung ist eine Funktion des Betriebes. Ihre Stellen sorgen für das im Betrieb tätige Personal und sind für die sachgemäße Instandhaltung aller beweglichen und unbeweglichen Vermögensteile verantwortlich; sie informieren die Leitungsorgane über Vorgänge wirtschaftlicher und außerwirtschaftlicher Art und sichern die ungestörte Durchführung der betrieblichen Arbeit in den übrigen Bereichen der Grundfunktionen nach Anweisungen der Geschäftsleitung sowie der anderen Leitungsorgane.*

b) Verwaltungsfunktionen

So wie die Leitungsfunktionen sich aus der Gesamtbetriebsaufgabe ergeben, entwickeln sich die Verwaltungsfunktionen aus dem teilbetrieblichen Aufgabenkomplex, den wir soeben erläutert haben. Aus diesem Komplex folgt, daß es sich um folgende Funktionen handelt:

1. *Sicherung*
2. *Ordnung*
3. *Instandhaltung*
4. *Übermittlung*
5. *Überwachung.*

Wir finden diese Funktionen einzeln oder zu mehreren Funktionen vereinigt in jeder Aufgabe der Betriebsverwaltung. Hierbei darf die Leitungsfunktion „Kontrolle" nicht mit der Verwaltungsfunktion „Überwachung" verwechselt werden. Die Leitungsfunktion bezieht sich auf die Gesamtbetriebsaufgabe, die Verwaltungsfunktion dagegen auf den konkreten Betrieb selbst, meistens sogar nur auf Teile von ihm. Zur besseren Unterscheidung wurde deshalb nicht der gleiche Ausdruck verwendet. Die Erhaltung des Betriebes, seine Sicherung im weitesten Sinne, muß durch die Leitung und durch Leitungsfunktionen erfolgen. Die Sicherungsfunktion der Betriebsverwaltung erstreckt sich auf die einzelnen Elemente des Betriebes. Der Ausdruck „Erhaltung" ist dafür zu eng, es wurde daher bewußt der weitere Begriff der „Sicherung" gewählt.

Diese *Sicherungsfunktion* tritt z. B. klar in Erscheinung bei der Personal- und Sachverwaltung. Die im Betrieb Tätigen sind vor Unfällen, Berufskrankheiten und Unbilden zu schützen; die Anlagen und Sachen sind gegen Diebstahl, mißbräuchliche Benutzung, unnötigen Verschleiß, Verlust und Lagerungsschäden zu sichern. Neben diesen Einzelobjekten ist aber auch die Gesamtbetriebsanlage zu sichern, was durch den Werkschutz sowie den Abschluß geeigneter Versicherungen erfolgt.

Die *Ordnungsfunktion* fällt z. B. bei der Lagerung des gesamten Schriftwechsels an, die Grundstücke sind „in Ordnung" zu halten, die Lagerung von Büromaterialien und Stoffen muß „ordnungsgemäß" vor sich gehen. Diese Ordnungsfunktion bezieht sich nur auf die Schaffung von Ordnung. Organisation im Hinblick hierauf umfaßt dagegen alle Regeln und Maßnahmen, die zur Durchführung der Ordnung notwendig sind.

Die *Instandhaltungsfunktion* muß im weitesten Sinne verstanden werden. Sie drückt sich nicht nur in den Reparaturen und Ergänzungen von Sachen aus, sondern umfaßt auch die Betriebsangehörigen, die durch Einrichtungen des Sozialdienstes und ordnungsmäßige Lohnzahlungen „imstande sein müssen", ihrem Dienst im Betrieb zur Leistungserstellung des Erzeugnisses nachzukommen.

Die *Übermittlungsfunktion* tritt besonders im gesamten Nachrichtenverkehr zutage sowie in der Vervielfältigung und in der Verteilung von Anordnungen der Leitung an alle Stellen des Betriebes.

Die *Überwachungsfunktion* ist eine der wesentlichsten Funktionen der Verwaltung. Einerseits sind die Büros, der Werkverkehr, die Handwerksbetriebe und der Fahrbetrieb zu überwachen, andererseits ist in dieser Funktion auch die gesamte „Dienstaufsicht" enthalten, die die Verwaltung im Verfolg ihrer Aufgaben über zahllose Personen des Betriebes ausüben muß.

Im betrieblichen Rechnungswesen kommen u. a. vor allem die Übermittlungs- und Überwachungsfunktionen zum Zuge, um ein möglichst genaues Bild von der Betriebsarbeit und den Erfolgen innerhalb der einzelnen Bereiche zu vermitteln. Das Rechnungswesen soll ferner der Geschäftsleitung die Fingerzeige geben, deren sie bedarf, um das Unternehmen zu steuern und weiterzuentwickeln.

Ein Amerikaner würde vielleicht den Zweck der Betriebsverwaltung mit dem Schlagwort umreißen: *To keep things going*. Wir sind uns dabei bewußt, daß ein Schlagwort zwar nicht alles kennzeichnet, wohl aber etwas Wesentliches treffsicher formulieren kann.

c) Bedeutung der Verwaltung für den Betrieb

Die Bedeutung der Verwaltung für jeden Betrieb liegt einmal darin, daß durch die Tätigkeit der Verwaltung die Geschäftsleitung entlastet wird und sich mit Nachdruck ihren eigentlichen Aufgaben widmen kann. Diese Entlastung tritt allerdings im Großbetrieb stärker als bei Klein- und Mittelbetrieben ein, und zwar unabhängig davon, welche organisatorische Lösung der Großbetrieb für die Bewältigung seiner Verwaltungsaufgaben trifft.

2. Betrieb und Verwaltung

Der Mittel- und Großbetrieb hat zunächst die Möglichkeit, die Verwaltungsarbeit auf die Beschaffungs-, Produktions- und Vertriebsstellen abzuwälzen, die hierfür zusätzliches Personal erhalten. Dadurch wird die Geschäftsleitung selbst von der Verwaltungsarbeit freigehalten. Der Großbetrieb kann sich aber auch ein eigenes Verwaltungsorgan schaffen, durch dessen Tätigkeit nicht nur die Geschäftsleitung, sondern auch die Organe der Grundfunktionen (Produktion, Verkauf) wirksam entlastet werden, da diesen dann der größte Teil der Verwaltungsarbeit abgenommen wird. Dagegen werden in Kleinbetrieben schon aus Kostengründen die Verwaltungsaufgaben größtenteils durch die Geschäftsleitung selbst durchgeführt werden müssen, wobei sie in der Regel nur von einigen Verwaltungsangestellten, wie z. B. Lohnbuchhalter oder Lagerverwalter, unterstützt wird.

Freilich gewinnt durch das Anwachsen der Verwaltungsarbeit im Großbetrieb und das stärkere Ausgeprägtsein von ausgesprochenen Verwaltungsdienststellen die Betriebsverwaltung leicht eine Bedeutung, die jene der Grundfunktionen erreicht. Mit der Größe der Betriebe wächst die Verwaltungsarbeit oft nicht nur proportional, sondern sogar progressiv. Es gibt Großbetriebe, die weniger Verwaltungsarbeit haben als Mittelbetriebe. Das hängt einmal von der Branche, zum anderen auch von der wirtschaftlichen und rechtlichen Stellung des Großbetriebes ab (Konzernbildung) sowie von der Art seines Vertriebssystems. Im allgemeinen kann man jedoch unterstellen, daß die Verwaltungsarbeit mindestens proportional zur Betriebsgröße, gemessen an der Zahl der Beschäftigten, wächst. Damit gewinnt bei jeder Expansion des Betriebes aber fast zwangsläufig die Verwaltung an Bedeutung. Ist die Betriebsverwaltung bei Klein- und manchen Mittelbetrieben wirklich nur „Zusatz"- oder „Hilfsfunktion", so steht sie im Großbetrieb vielfach gleichrangig und gleichwertig neben den Grundfunktionen. In der Regel überflügelt sie den Einkauf und kann unter besonderen Verhältnissen, z. B. bei Absatz durch Syndikate oder Vertriebsgesellschaften, rangmäßig auf gleicher Stufe wie die Produktionsfunktion stehen. Dieser Fall kann dann eintreten, wenn ein Konzern oder ein Großbetrieb mit örtlich verstreut liegender Produktion sich einer sogenannten „Hauptverwaltung" bedient, in welcher die Funktionen der Beschaffung und des Vertriebes sowie die Gesamtleitung und Verwaltung zusammengefaßt werden.

Ein solches Schwergewicht der Verwaltung beruht dann meistens auf folgenden Faktoren:
1. die Verwaltung ist zentral zusammengefaßt, dadurch schlagkräftig und bringt leicht die nicht am Platz der Hauptverwaltung liegenden Werke in ein Abhängigkeitsverhältnis;
2. der Verwaltungschef ist der Geschäftsleitung räumlich näher und hat dadurch jederzeit die Möglichkeit, unmittelbaren persönlichen Kontakt

mit ihr aufzunehmen. Dies stärkt seine Stellung innerhalb des Großbetriebes;
3. die Durchführung der Verwaltungsarbeit erfordert im Großbetrieb eine hochqualifizierte, akademisch vorgebildete Persönlichkeit, wie z. B. einen Juristen oder Wirtschaftswissenschaftler. Eine solche Persönlichkeit hat es kraft ihrer Vorbildung und in Verbindung mit den vorerwähnten Gegebenheiten leichter, ihre Belange bei der Geschäftsleitung zu vertreten und durchzusetzen;
4. der Chef der Verwaltungsabteilung eines Großbetriebes hat durch seine enge Verbindung zur Leitung vielfach eine bessere und genauere Übersicht über die Geschäftslage als die Leiter der Grundfunktionsorgane, die Spezialisten sind und — arbeitsmäßig bedingt — häufig nur ihr eigenes Fachgebiet übersehen können.

Es liegt in der Natur der Betriebsverwaltung und der Vielfalt des praktischen Wirtschaftslebens, daß die obigen Ausführungen niemals auf alle Betriebe zutreffen. Oft macht sich nur ein Trend in dieser oder jener Richtung bemerkbar, zumal der mehr oder weniger ausgeprägte Verlauf einer bestimmten Entwicklung nicht nur von der sachlichen, d. h. funktionalen und organisatorischen Seite her abhängt, sondern auch durch die charakterlichen Veranlagungen und persönlichen Fähigkeiten der leitenden Personen und ihren gegenseitigen menschlichen Beziehungen bestimmt wird.

3. Verhältnis zwischen Leitung und Verwaltung

Einer Erklärung bedarf noch das Verhältnis zwischen Leitung und Verwaltung. Alle modernen Organisationsautoren sind sich darin einig, daß Leitung und Verwaltung stets zweierlei sind. Da die Ursprünge von Leitung und Verwaltung sich aus unterschiedlichen betrieblichen Aufgaben ableiten, müssen ihre Funktionen grundsätzlich andere sein. Die Kunst ist nur, die Leitungsaufgaben von denen der Verwaltung abzugrenzen. Im praktischen Betriebsleben ist dies ein außerordentlich schwieriges Problem. Grundsätzlich stellen wir für das Verhältnis zwischen Leitung (im allgemeinen Sinne) und Verwaltung folgendes fest:

1. Leitung und Verwaltung müssen in jedem Betrieb vorhanden sein; es ist daher erforderlich, für sie selbständige Begriffe zu verwenden und sie nicht mit den Grundfunktionen zu vermengen;
2. Leitung ist immer ein geschlossenes Ganzes, etwas Einheitliches. Verwaltung dagegen ist — besonders im Großbetrieb — ein Komplex;
3. Leitung ist dynamisch, ihr Blick geht in die Zukunft. Verwaltung geht auf Erhaltung des status quo aus, ist also statisch.

Für das Verhältnis von Geschäftsleitung zur Betriebsverwaltung gilt folgendes:

1. während es stets ein Leitungsorgan für den Gesamtbetrieb geben muß, ist das Vorhandensein eines Zentralorgans für den gesamten Verwaltungsbereich selbst bei Großbetrieben organisatorisch nicht zwingend notwendig;

3. Verhältnis zwischen Leitung und Verwaltung

2. die Geschäftsleitung kann Verwaltungsaufgaben mit übernehmen, ohne ihren Charakter als Geschäftsleitung aufzugeben. Die Verwaltung ihrerseits kann aber nicht Aufgaben der Geschäftsleitung, auch nicht Teilgebiete der unmittelbaren Marktaufgabe übernehmen, ohne daß sie ihren Verwaltungscharakter aufgibt. Sie wird zutreffendenfalls automatisch zur Leitung im weiteren Sinne;
3. die Geschäftsleitung ist für die wirtschaftliche Durchführung der Betriebsaufgabe zuständig, die Verwaltung ist der Geschäftsleitung für die Erledigung ihrer Aufgaben verantwortlich. Auf der höchsten Ebene im Großbetrieb laufen Leitung und Verwaltung nicht parallel, sondern die Verwaltung ist der Geschäftsleitung nachgeordnet.

Dennoch will uns scheinen, daß in neuerer Zeit sich eine gewisse Verschiebung von Aufgabengebieten zwischen Leitung und Verwaltung angebahnt hat. Je mehr nämlich der Faktor Mensch im Betrieb sich durchsetzt, je mehr die Human Relations eine Rolle im Betriebsleben spielen, desto mehr greift die Leitung auf dem Gebiet der Personalverwaltung unmittelbar ein. Bei einer mechanistischen Auffassung vom Betrieb, in dem die darin tätigen Menschen ebenso wie die Maschinen und Anlagen „eingesetzt" wurden, genügte es, wenn die Betriebsverwaltung das Personal „verwaltete". Bei einer Auffassung des Betriebes als soziologische Gemeinschaft, als Organismus, fühlt sich die Leitung ihren Betriebsangehörigen verbunden. Zur Sicherstellung dieser Verbundenheit, aus der sich Pflichten und Verantwortungen herleiten, behält sich die Geschäftsleitung heutzutage vielfach wichtige Teilgebiete aus dem Bereich der Personalverwaltung und des Sozialwesens selbst vor.

Nicht unerwähnt bleiben soll auch, daß die Personalien der Abteilungsleiter meistens nicht durch die Betriebsverwaltung, sondern durch die Leitung selbst oder Leitungsgehilfen geführt und bearbeitet werden. Das gleiche gilt z. T. für die Gehaltsauszahlungen an die Mitglieder der Geschäftsleitung und die leitenden Angestellten. In vielen Fällen wird auch durch die Leitung eine eigene Kasse oder eine Geheimbuchhaltung geführt. Auf diese Weise wird durch das Leitungsorgan — besonders bei Großbetrieben — teilweise reine Verwaltungsarbeit erledigt. Dies ist aus naheliegenden Gründen unvermeidbar und berührt grundsätzlich nicht den Leitungscharakter des mit diesen Verwaltungsarbeiten beschäftigten Organs. Voraussetzung hierfür ist jedoch, daß diese Verwaltungsarbeit innerhalb der Geschäftsleitung nicht ein solches Ausmaß annimmt, daß die hiermit beauftragten Personen (Leitungsgehilfen) nur noch Verwaltungsarbeit leisten. In einem solchen Fall muß dann von einer reinen Verwaltungsstelle gesprochen werden. Aus Zweckmäßigkeitsgründen wird diese Stelle organisatorisch der Leitung unmittelbar und nicht der Betriebsverwaltung unterstellt werden. Dies führt uns aber bereits in das Gebiet der Organisation von Leitung und Verwaltung.

Zweites Kapitel

Die Organisation der Geschäftsleitung

1. Leitungsorgan

Aufgabe der Geschäftsleitung ist es, die jeweilige Marktaufgabe zu erkennen, sie als Betriebsaufgabe zu übernehmen und für deren dauernde Durchführung unter Anpassung an die ständig veränderlichen Marktverhältnisse zu sorgen. Die beiden Teilaufgaben des Erkennens der Marktaufgabe und ihrer Übernahme als Betriebsaufgabe stellen bei jeder Betriebsleitung zunächst intuitive, geistige Akte dar, deren Durchführung, d. h. der reale Vorgang der Marktversorgung selbst, mit Hilfe des Betriebes erfolgt. Das Leitungsorgan eines Betriebes muß daher sowohl für diese geistigen Akte als auch die schöpferisch-tätigen, realen Vorgänge organisatorisch gestaltet werden.

Zunächst müssen Anordnungen in bezug auf die Marktaufgabe und das Auftreten des Betriebes auf dem Markt erlassen werden. Es müssen Kapital beschafft, Einkäufe getätigt oder allgemein ausgedrückt: Verpflichtungen aller Art eingegangen und damit Risiken übernommen werden. Ferner ist die allgemeine Geschäftspolitik — in den USA mit „Basic Policy" bezeichnet — festzulegen. Da diese Maßnahmen den gesamten Betrieb betreffen, sind sie auch von der Geschäftsleitung als Ganzes zu erlassen und leitungsfunktionell vorwiegend durch Planung und weittragende Entscheidungen gekennzeichnet. Sie wirken besonders auf die volkswirtschaftliche Funktion des Betriebes und seine Stellung im Markt ein.

Die für die Durchführung der jeweiligen Betriebsaufgabe zu erlassenden Bestimmungen hängen von den erstgenannten Maßnahmen ab. Sie beziehen sich auf die spezielle Betriebsarbeit und erstrecken sich weniger auf den Markt als auf den Betrieb selbst. Die Arbeit der Geschäftsleitung für die Durchführung der Betriebsaufgabe trägt dabei mehr innerbetrieblichen Charakter und wird leitungsfunktionell vor allem durch Disposition, Entscheidungen im Normalfall, Anordnungen und Kontrolle bestimmt.

Die mit der Marktaufgabe und den Gesamtverpflichtungen des Betriebes zusammenhängenden Aufgaben lassen u. a. das organisatorische Problem der *Gliederung der Geschäftsleitung* selbst entstehen. Die Durchführung der betrieblichen Aufgaben hängt mit der Durchsetzung des Leitungswillens, d. h. des Wirksamwerdens der Leitungsentschlüsse zusammen. Vor allem handelt es sich darum, welcher *Befehls- und Ver-*

kehrswege sowie welchen Instanzenzuges sich die Leitung bedient. Dies ist u. a. eine Frage der sogenannten Organisationsformen. Man kann den ersten Komplex auch als internes, den zweiten als externes organisatorisches Leitungsproblem bezeichnen.

Bei der Untersuchung dieser organisatorischen Probleme gehen wir grundsätzlich von qualitativen Faktoren aus. Daneben wirken selbstverständlich auf die Organisationsform jeder Geschäftsleitung noch zahlreiche quantitative Faktoren ein. So kann z. B. der Arbeitsanfall allein, der in einer bestimmten Zeitspanne erledigt werden muß, vielfach zu besonderen organisatorischen Maßnahmen innerhalb der Geschäftsleitung führen. Diese Maßnahmen hängen aber von den individuellen Gegebenheiten und der jeweiligen besonderen Lage des Betriebes sowie der psychischen und physischen Leistungsfähigkeit seines Leitungspersonales ab und lassen sich nur schwer verallgemeinern. Sie berühren zudem bereits in erheblichem Maße das bisher nur wenig durchforschte Gebiet der „Technik" der Geschäftsleitungen und bleiben daher außerhalb des Rahmens dieser Arbeit.

a) Direktorialsystem

Beim internen organisatorischen Leitungsproblem handelt es sich um die Frage der Anwendung des Direktorial- oder Kollegialsystems. Im reinen Direktorialsystem werden die Geschäfte durch eine einzige Person — meist „Generaldirektor" genannt — geführt, die allein zeichnungsberechtigt ist oder die den sonstigen Mitgliedern der Geschäftsleitung weitgehend übergeordnet ist (Abb. 1). Das Kollegialsystem sieht dagegen in verschiedenen Abstufungen und Schattierungen eine gleichberechtigte Führung des Betriebes durch alle zur Leitung gehörenden Personen vor (Abb. 2). Alle wichtigen Beschlüsse für Markt und Betrieb müssen von der Mehrheit des Kollegiums gebilligt werden.

Abb. 1. Beispiel für ein Direktorialsystem in der Geschäftsleitung

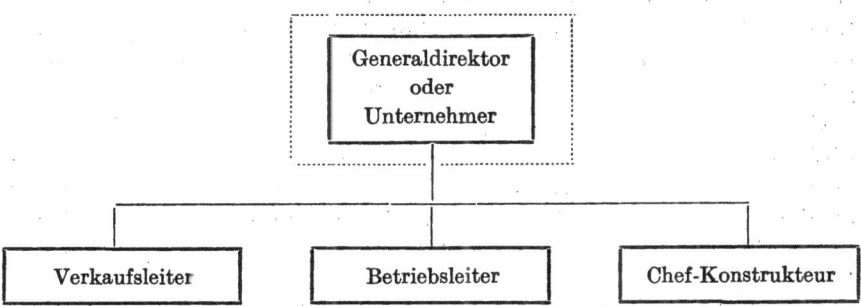

Bemerkung: Die Geschäftsleitung wird nur durch eine einzige Person verkörpert.

Beim Direktorialsystem steht und fällt der Betrieb mit der Persönlichkeit des Generaldirektors. Von seinem fachlichen Können, seinem Weitblick, seiner Intuition und seinen menschlichen Fähigkeiten hängt das Wohl und Wehe des Betriebes mit seinen zahlreichen in ihm tätigen Menschen ab. Die Kunst im Wirtschaftsleben ist nur, eine Persönlichkeit mit solchen Anlagen und Eigenschaften zu finden. Für den Großbetrieb wird diese Forderung nach einem überragenden Kopf noch problematischer, da seine Leitung so viel Kenntnisse und Fähigkeiten verlangt, wie sie in einer Person nur selten vereinigt sind.

Das Risiko, welches ein Großbetrieb, der z. B. an der Grenze zum Riesen- oder Mammutbetrieb steht, mit dem Direktorialsystem auf sich nimmt, ist bedeutend. Und nur außergewöhnliche Umstände sollten u. E. die sekundäre Betriebsleitung (Aufsichtsrat) veranlassen, ein solches Risiko einzugehen. Die Beaufsichtigung durch die sekundäre Leitung muß dann besonders eingehend, sorgfältig und umfassend sein. Bei Großbetrieben, die noch als Offene Handelsgesellschaft firmieren, entfällt freilich eine gesetzliche Aufsicht. Dies ist organisatorisch wenig glücklich, denn die menschliche Natur braucht Kontrollen, besonders in exponierten Stellungen.

Bei der Anwendung des Direktorialsystems spielt auch die Frage, ob ein Techniker oder ein Kaufmann die Stelle des Generaldirektors einnehmen soll, eine größere Rolle als beim Kollegialsystem. Technisches und kaufmännisches Denken ist ebenso unterschiedlich wie technischer Wirkungsgrad und kaufmännische Wirtschaftlichkeit. Es gehört anerkanntermaßen zu den seltenen Fällen im Wirtschaftsleben, daß in einer Person kaufmännisches und technisches Denken gleich stark ausgeprägt sind. Wird nun eine Persönlichkeit mit der Führung des Betriebes allein betraut, die, wie fast alle im Wirtschaftsleben stehenden Menschen, einseitig Techniker oder Kaufmann ist, so kann diese Wahl oder dieser Zustand im Laufe der Jahre bedenkliche Folgen für den Betrieb zeigen. Vernachlässigung des technischen Apparates oder der Forschung kann man dann ebenso finden wie hervorragende technische Ausstattung, verbunden mit unwirtschaftlicher Erstellung der Erzeugnisse oder unzureichenden Vertriebsformen. Illiquidität und die sich daraus ergebenden Folgerungen führen dann oft zu erheblichen Rückschlägen und im ungünstigsten Falle sogar zum Erliegen eines vor Jahren noch blühenden und entwicklungsfähigen Betriebes. Das Risiko, eine einzige Persönlichkeit mit umfassenden Vollmachten und Verantwortlichkeiten an der Spitze eines Großbetriebes zu haben und dessen komplizierten technischen und kaufmännischen Ablauf allein auf zwei Augen zu stellen, ist erheblich.

Das Direktorialsystem ist typisch für Betriebe, die vom Unternehmer selbst geleitet werden. Es ist ferner vorwiegend in jenen Betrieben vorhanden, die sich kraft der Persönlichkeit eines einzelnen Unternehmers, alleinigen Vorstandsmitgliedes oder Geschäftsführers, aus einem Mittelbetrieb im Laufe der Jahre zu einem Großbetrieb entwickeln konnten. Oft sind es Unternehmungen, die Großbetriebe „in der ersten Generation" sind. Später mangelt es manchmal an einer dynamischen, weitsichtigen Einzelpersönlichkeit, und es bildet sich in der zweiten Generation ein Kollegialsystem heraus, welches lieber „verwaltet" als „leitet".

Die Gerechtigkeit gebietet es jedoch, festzustellen, daß sich viele Betriebe nur durch eine starke Persönlichkeit, allein durch die überragenden Fähigkeiten eines Unternehmers oder Generaldirektors, zu Großbetrieben von Weltgeltung entwickelt haben, und daß es diese überdurchschnittlichen Kräfte auch heute noch in der Leitung von Großbetrieben gibt. Diese Anerkennung hindert aber nicht, darauf hinzuweisen, daß die überragenden Einzelpersönlichkeiten selten sind und daß dort, wo viel Licht ist, die Gefahr besteht, daß es auch viel Schatten geben kann. Und wenn sich organisatorisch die Möglichkeit ergibt, diese Schatten aufzuhellen und damit die Risiken für den Betrieb und die von ihm Betroffenen zu mindern, so lohnt es sich, über diese Organisationsform nachzudenken und sich mit ihr zu beschäftigen.

b) Kollegialsystem

Das grundsätzlich andere im Kollegialsystem gegenüber dem Direktorialsystem besteht darin, daß bei ersterem alle Personen der Leitung, z. B. als Geschäftsführer, Komplementäre oder Vorstandsmitglieder, in der Führung des Betriebes gleichberechtigt sind, daß mithin nicht eine einzelne Person, sondern eine Personenmehrheit, ein Kollegium, die Geschäfte des Betriebes verantwortlich leitet. Jedes Mitglied der Geschäftsleitung bearbeitet in der Regel ein besonderes Fachgebiet. Wichtige Beschlüsse müssen von der Mehrheit gefaßt und gebilligt werden. Die Leitungsbefugnisse, die Leitungsgewalten, sind also innerhalb der Geschäftsleitung verteilt. Es gibt Kollegialverfassungen mit sehr unterschiedlichen Formen und Graden der Gleichberechtigung der einzelnen Mitglieder des Kollegiums.

Durch die Gewaltentrennung innerhalb der Geschäftsleitung vermeidet das Kollegialsystem ein einseitiges Abstellen aller Dinge des Betriebes auf eine vielleicht allzu dynamische Einzelpersönlichkeit. Das aus der Autokratie des Direktorialsystems entstehende Leitungsrisiko wird durch ein Sich-aussprechen und Sich-beraten gleichberechtigter Persönlichkeiten vermindert. Man sucht nicht nach einem starken Mann mit Allround-Fähigkeiten, sondern glaubt den Betrieb besser geleitet durch ein Gremium, einen Personenkreis von besonders geeigneten Spezialisten, die naturgemäß leichter zu finden sind als

Abb. 2. Beispiel für ein Kollegialsystem in der Geschäftsleitung

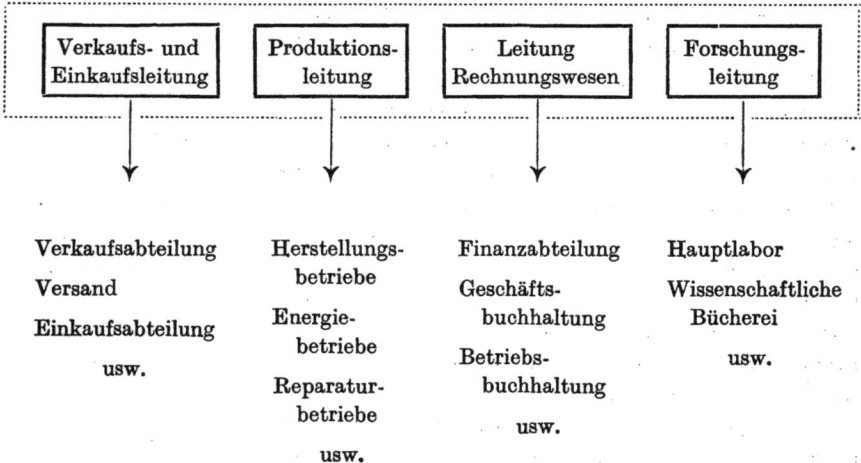

Bemerkung: Die Geschäftsleitung setzt sich aus mehreren gleichberechtigten Personen zusammen (Team-Work).

Erklärung: Geschäftsleitung

solche mit wirklich überragendem Können und Fähigkeiten auf allen wirtschaftlichen und technischen Gebieten. Im Kollegialsystem ist das Prinzip der Arbeitsteilung im Leitungsorgan verwirklicht, ist gleichsam ein Teil des Taylorschen funktionalen Systems aus der Sphäre der Werkstatt in die Leitungsebene verpflanzt worden.

Es ist kein Zweifel, daß bei einem Großbetrieb die Sachgebiete der Technischen und Kaufmännischen Leitung, wozu oft noch eine bedeutende Forschungstätigkeit tritt, für sich allein schon ein überdurchschnittliches Wissen und Können erfordern. Somit bietet sich scheinbar schon zwangsläufig aus der Größe und Bedeutung der einzelnen Sachbereiche eines Großbetriebes die Lösung des Kollegialsystems in der Geschäftsleitung an. Dies gilt besonders dann, wenn es sich um einen Großbetrieb mit vielseitigem Produktionsprogramm oft völlig heterogener Erzeugnisse und deshalb um einen komplizierten Vertriebsapparat handelt.

Das Kriterium dieses Systems für den Betrieb liegt aber nicht in der Führung der einzelnen Sachgebiete, sondern darin, ob es fähig ist, den Betrieb als Ganzes, als Betriebseinheit, zu leiten. Das aber ist eine Frage des Zusammenspiels innerhalb der Geschäftsleitung und kann z. B. durch eine gut ausgewogene Geschäftsordnung erleichtert, aber nicht erzwungen werden. Im Kollegialsystem muß die Einheitlichkeit der Geschäftsführung ständig bewußt herbeigeführt, ja nicht selten sogar erkämpft werden, während sie sich im Direktorialsystem von selbst ergibt. Daß das Kollegialsystem dem Großbetrieb Vorteile bietet, ist unbestritten, und theoretisch gesehen müßte es auch zufriedenstellend arbeiten. Ob es im rauhen Klima der Wirklichkeit arbeitet oder nicht, hängt weitgehend von menschlichen Fähigkeiten, vom Takt, Gemeinschaftssinn und diplomatischem Geschick der einzelnen Personen ab, die das Kollegium bilden. Wir werden auf diese personellen Probleme noch im vierten Kapitel zurückkommen.

Die deutsche Literatur neigt dazu, dem Direktorialsystem den Vorzug zu geben, vielleicht hervorgerufen aus dem europäischen Glauben an die Einzelpersönlichkeit. Führende amerikanische Soziologen wie Peter Drucker und Elton Mayo ziehen dagegen mehr „Team-Work" vor, d. h. kollegial geführte Betriebsleitungen, deren Vorsitz jedoch eine wirkliche Persönlichkeit führen soll. Sie glauben, Beweise für die Überlegenheit der gemeinschaftlichen Leitung gegenüber der durch eine einzelne Persönlichkeit zu haben. Auch Hundhausen stellt für die Verhältnisse in Nordamerika fest:

„Vor dreißig Jahren stand an der Spitze fast aller großen Industrie-Unternehmungen, unabhängig von der Größe, ein Generaldirektor, der nicht selten diktatorische Vollmachten und die Gewohnheiten eines Souveräns hatte. Heute haben sich Kollegialverfassungen mit Verwaltungspräsidenten, Generaldirektoren, Vizepräsidenten und stellvertretenden Generaldirektoren durchgesetzt, und alles ruht auf einer breiten und tief gestaffelten Schicht mit großen Vollmachten ausgestatteter „Executives". Während vor dreißig Jahren der Erfolg einer Unternehmung in der Regel dem einen Manne zugerechnet wurde, der an der Spitze stand, ist heute offensichtlich, daß der Erfolg im wesentlichen eine Mannschaftsleistung ist, deren Ausrichtung auf das Ziel der Unternehmung in Konferenzen erreicht wird"[2]. Dennoch ist gerade die amerikanische Wirtschaftsgeschichte — zumindest die der Zeit von 1870 bis 1929, dem Jahre der großen Depression — voll von Beispielen an schöpferischer Kraft überragender Einzelpersönlichkeiten. Statt vieler Namen seien hier nur genannt: John D. Rockefeller (Erdöl), T. Mellon (Holding-Gesellschaft), John P. Morgan (Bank), S. Goldwyn (Film), Andrew Carnegie (Stahl), William R. Hearst (Presse).

Ein endgültiges, wissenschaftlich einwandfreies Urteil über das „bessere" System zu fällen, ist nicht leicht. Es gibt ebensoviel Verfechter

[2] C. *Hundhausen*, a. a. O., S. 64.

des Direktorialsystems wie des Kollegialprinzips. Beide Systeme können ihren eigenen Standpunkt wohl mit der gleichen Anzahl von Argumenten verteidigen wie den des Gegners erschüttern. Die Wirtschaftsgeschichte kennt ebensoviel Betriebe, die durch eine einzige Persönlichkeit sowohl durch alle Gefahren meisterhaft gesteuert als auch zugrunde gerichtet wurden. Das bekannteste Beispiel hierfür aus den letzten Jahrzehnten ist der Zusammenbruch des Kreuger-Konzerns. Freilich, auch für das Kollegialsystem in der Betriebsführung kann man — insbesondere aus der Geschichte der Großbetriebe — warnende und lobende Beispiele beibringen. Beide Systeme sind ausgezeichnet, wenn sie funktionieren, aber schlecht, wenn sie entarten. Entartet das Direktorialsystem zu einer alle Bedenken sprengenden Autokratie, so kann das Kollegialsystem zum Parteiparlament werden. Eine einwandfreie Antwort vermag die Wissenschaft auf die Frage nach dem zweckmäßigeren System nicht zu geben. Sie kann es auch nicht, weil bei jedem Betrieb die Branche, die jeweilige Lage in Vergangenheit und Gegenwart sowie die individuelle Aufgabenstellung des Betriebes eine viel zu große Rolle spielen, als daß sie sich in das Schema einer „Patentlösung" einzwängen lassen.

Eine optimale Gestaltung der Geschäftsleitung erfordert eine harmonische Kombination von den in der jeweiligen Lage sich ausdrückenden Verhältnissen eines Betriebes und jenen Forderungen, die sich aus seiner speziellen Aufgabenstellung ergeben. Zu den rein sachlichen Gegebenheiten treten dann noch die menschlichen Fähigkeiten und privaten Wünsche und Zielsetzungen der sekundären und primären Leitung des Betriebes. Hier spielen aber so viele Faktoren und Imponderabilien eine Rolle, daß man nur im Einzelfall wirklich Genaues und Objektives sagen kann. Vielfach lassen sich auch rein subjektive Momente durch objektiv erscheinende betriebswirtschaftliche oder organisatorische Maßnahmen ausgezeichnet tarnen. Man kann ganz allgemein behaupten, daß eine starke Neigung zum Direktorialsystem stets dann vorliegt,

1. wenn der Betrieb einem einzelnen Unternehmer gehört,
2. wenn das Kollegialsystem im Betrieb bereits versagt hat,
3. wenn es gilt, gute Entwicklungschancen eines Betriebes bei gleichzeitigem Vorhandensein einer überdurchschnittlichen Persönlichkeit auszuschöpfen,
4. wenn es notwendig ist, innerbetrieblich stark auseinanderstrebende Kräfte und Teile fest zusammenzuhalten oder wieder zusammenzuführen. Dies gilt insbesondere dann, wenn aus mehreren Teilen erst ein Ganzes geschaffen werden muß.

Umgekehrt liegt eine starke Tendenz zur Einführung des Kollegialsystems vor,

1. wenn es sich um ein Familienunternehmen handelt, besonders wenn an diesem mehrere Stämme beteiligt sind,

1. Leitungsorgan

2. wenn das Direktorialsystem vorher versagt hat,
3. wenn die einzelnen Hauptsachgebiete eines Großbetriebes zu vielseitig sind, daher aus der Natur der Sache heraus spezialisiert werden müssen und somit von einer Einzelpersönlichkeit allein nicht mehr übersehen werden können.

Interessant ist auch ein gewisser Zusammenhang zwischen den beiden Prinzipien und einzelnen Wirtschaftszweigen. So trifft man bei Bankbetrieben und in der Eisenindustrie vielfach das Kollegialsystem, während im Bergbau das Direktorialsystem stärker vertreten ist. Die Ursache hierfür ist zweifellos darin zu suchen, daß der Bankbetrieb außerordentlich vielseitige Anforderungen und Aufgaben an die Leitung stellt, während es sich im Bergbau in erster Linie um das rein technische Problem der Produktion handelt, da der Verkauf meistens durch besondere Verkaufsgesellschaften wahrgenommen wird.

Ein kleiner Hinweis sei noch gestattet. Vergessen wir nicht, daß der Wirtschaftsjournalismus, der uns die Großen der Unternehmungen in seinen Schilderungen nahebringt, nur allzuoft sich an dem augenfälligen Schicksal einer überragenden Persönlichkeit, eines Wirtschaftsführers im besten Sinne, begeistert und dabei das sich in der Stille der Konferenzzimmer abspielende Wirken eines mehrköpfigen Vorstandes übersieht. Gemeinschaftsleistungen sind nicht so populär und journalistisch wirkungsvoll wie augenfällige Leistungen eines einzelnen.

Von politischen Aspekten her spielt heute für den Großbetrieb unter dem Schlagwort der „Demokratisierung der Wirtschaft" nach der Epoche des „Führerprinzips" die kollegiale Führung wieder eine große Rolle. Die Unternehmerschaft ist dabei der Ansicht, daß „die Übertragung der in der politischen Sphäre möglichen und richtigen Prinzipien auf das Leben und die Arbeit in wirtschaftlichen Unternehmungen ebenso unvertretbar ist wie etwa seinerzeit die Übertragung des aus dem militärischen Bereich entnommenen Führerprinzips auf Staat und Wirtschaft unsinnig war"[3]. Darin liegt der richtige Gedanke, daß man sich hüten muß, an sich bewährte Prinzipien aus anderen Institutionen ungeprüft und ohne Kritik in das Wirtschaftsleben zu übertragen.

Im allgemeinen denkt die Praxis weit weniger in Systemen und Prinzipien als in Persönlichkeiten und Aufgaben. Sie wendet fast niemals ein Organisationssystem oder -prinzip absolut und dogmatisch an. Daher richtet sich die organisatorische Form der Leitung oft nach den gerade am Ruder befindlichen Persönlichkeiten und ihren Ansichten von der Zweckmäßigkeit der Leitungsorganisation. Eine Art natürliche Elastizität hindert den Betrieb im Wirtschaftsleben daran, allzu einseitig auf Formen zu bestehen, die durch eine veränderte Lage überholt

---
[3] „Das Problem des Mitbestimmungsrechtes, Stellungnahme und Vorschläge der Unternehmerschaft", erschienen im Mai 1950, S. 4 (ohne Verlagsangabe).

sind. Es gibt genügend Beispiele dafür, daß große Firmen von einem System der Leitungsorganisation zu einem anderen wechselten, ohne daß der Betrieb irgendwelchen Schaden nahm.

Jeder Betrieb muß danach streben, daß er die Leitung erhält, die seinem gegenwärtigen Zustand und seinen Zukunftsaufgaben am besten dient. Für einen Großbetrieb ist dies eine der entscheidendsten Fragen überhaupt. Ein kranker Betrieb braucht eine Medizin, ein gesunder hat keine Veranlassung, Kuren und Versuche zu machen.

c) Geschäftsordnung

Gleichgültig aber, welches System der Leitung gewählt wird, stets muß eine Geschäftsordnung für die Arbeit des Leitungsorganes vorhanden sein. Die Geschäftsordnung wird beim Direktorialsystem mehr auf die Abgrenzung der Befugnisse zwischen dem Direktor und dem Aufsichtsrat abzielen, während beim Kollegialsystem auch die Arbeitsgebiete innerhalb des leitenden Kollegiums umrissen und erläutert werden müssen. Die Geschäftsordnung nimmt damit bereits den Charakter eines Geschäftsverteilungsplanes an. Jede Geschäftsordnung muß bei kollegialer Leitung diejenigen Punkte im voraus regeln, aus denen sich erfahrungsgemäß die häufigsten Reibungen ergeben. So sind die einzelnen Sachgebiete scharf voneinander abzugrenzen und damit die Verantwortlichkeiten innerhalb der verschiedenen Bereiche des Betriebes festzulegen. Insbesondere sind jene Geschäfte zu regeln, die mehrere Bereiche angehen. Es muß von vornherein feststehen, in welchem Bereich und in welcher Betriebsabteilung hierbei federführend gearbeitet wird und welche Betriebsabteilungen gegebenenfalls Mitkenntnis erhalten sollen. Diese Mitkenntnis wird oft durch eine Mitsprache verstärkt werden müssen, die von der Mitprüfung (Positivform) bis zum Einspruchsrecht oder Veto (Negativform) reichen kann. Wichtig ist auch die Frage, welche Bedingungen erfüllt sein müssen, wenn die Geschäftsleitung beschlußfähig sein soll; wieviel Mitglieder der Leitung müssen anwesend sein, wer beruft die Sitzungen ein, und wer führt den Vorsitz? Ferner ist das Abstimmungsverfahren innerhalb der Geschäftsleitung zu bestimmen. Hierbei handelt es sich vor allem um die Frage, ob einfache oder qualifizierte Mehrheit einen Beschluß gültig macht und ob bei Stimmengleichheit die Stimme des Vorsitzers den Ausschlag geben soll. Schließlich sind noch die Vertretungen zu regeln.

Für den Fall, daß ein Mitglied des Kollegiums mit einem von der Mehrheit gefaßten Beschluß nicht einverstanden ist, muß eventuell die Möglichkeit bestehen, die sekundäre Leitung zur Aufhebung des Beschlusses anrufen zu können. Dieses Berufungsrecht bedarf besonderer Überlegungen. Im allgemeinen wird man nur bei wichtigen und nur mit knapper Mehrheit gefaßten Beschlüssen der kollegialen Geschäftsleitung einem Mitglied das Recht einräumen, seine abweichende Meinung mündlich oder schriftlich dem Aufsichtsorgan vortragen zu können. Dies gilt besonders für solche Beschlüsse, die das engere Sachgebiet desjenigen betreffen, der die abweichende Meinung geäußert hat.

Sehr viel schwieriger als bei der Aktiengesellschaft, wo es eine Berufungsinstanz in Gestalt des Aufsichtsrates kraft Gesetz gibt, ist ein Vetorecht bei allen übrigen Gesellschaftsformen zu regeln. Bei diesen bleibt nichts anderes übrig, als ein Berufungsrecht auf vertraglicher Ebene im voraus festzulegen und sich somit so gut wie möglich zu sichern. Dies gilt sinngemäß auch für Beschlüsse der geschäftsführenden Gesellschafter, die für die nicht im Betrieb tätigen Gesellschafter von außerordentlicher Tragweite sind. Vielfach findet man bei einer G.m.b.H. oder einer Kommanditgesellschaft einen Beirat. In diese Institution delegieren die nicht geschäftsführenden Gesellschafter Persönlichkeiten, die sowohl ihr Vertrauen als auch das der Geschäftsleitung besitzen. Ob ein solcher Beirat seinen Zweck im Interesse aller — d. h. einmal der Firma, vertreten durch die Geschäftsleitung, zum anderen der Kapitalgeber — erfüllen kann, hängt weitgehend von der Persönlichkeit der Beiräte ab, die Sachkenntnis mit Takt, Vertrauenswürdigkeit und eine gewisse Autorität miteinander glücklich vereinigen müssen.

Gerade bei Geschäftsordnungen im Kollegialsystem geht es in der Praxis manchmal recht ungeordnet zu. Es gibt Betriebe mit kollegialer Leitung, bei denen es schriftlich festgelegte Geschäftsordnungen überhaupt nicht gibt oder bei denen wichtige Punkte nicht fixiert sind. Bei ihnen werden die Geschäfte nach langjähriger Gewohnheit und traditioneller Übung verteilt, ohne daß es deswegen zu Schwierigkeiten kommen muß. Freilich besteht die Gefahr, daß diese langjährigen Gewohnheiten von einer Seite aus willkürlich geändert werden. Sei es, daß ein Partner glaubt, daß er sich aus sachlichen Gründen mehr um dieses oder jenes Gebiet eines anderen Mitgliedes der Geschäftsleitung kümmern müsse, oder daß dies aus rein persönlichen Gründen geschieht. Stets muß damit gerechnet werden, daß die Einheitlichkeit der Leitung verlorengeht oder persönliche Machtkämpfe ausgefochten werden. In beiden Fällen kommt Sand in die Leitungsmaschine, wodurch ihr Wirkungsgrad herabgesetzt wird. Bei nicht schriftlich festgelegter Geschäftsordnung besteht in jedem Betrieb stets die latente Gefahr, daß nicht derjenige die Arbeit erledigt, der dafür aufgabenmäßig zuständig oder sachlich qualifiziert ist, sondern daß der rücksichtsloseste Partner, der stärkste Direktor, die Aufgaben an sich reißt. Die Erledigung der Geschäfte wird damit aus der sachlichen Sphäre in ein persönliches Fahrwasser gezogen. Aber selbst bei dieser

Art der Geschäftserledigung kann es durchaus zu guten Gesamtleistungen des Betriebes kommen, weil der Stärkste auch der Fähigste sein kann. Dennoch ist eine organisatorisch geregelte Verteilung der Geschäfte von Anfang an besser für den Betrieb, weil dadurch Zweigleisigkeiten und Nebeneinander, Mehrarbeit, Verärgerung und meistens auch Kosten vermieden werden. Auch hier liegen viele „letzte Dinge" im Menschlich-Allzumenschlichen und entziehen sich einer rein sachlichen Ordnung und Beurteilung.

2. Leitungsarten

a) Zentrale und dezentrale Leitung

In allen Fällen, in denen eine Geschäftsleitung Leitungsfunktionen für den gesamten Betrieb ausübt, sprechen wir von *zentraler Leitung*. In einem Unternehmen, das nur aus einem einzigen Betrieb besteht, deckt sich der Begriff Geschäftsleitung mit dem der zentralen Leitung. Das schließt nicht aus, daß der Betrieb aus örtlich verschieden gelegenen Produktionsstätten bestehen kann. Entscheidend ist das Merkmal, daß es nur eine Leitung gibt, die alle Grundaufgaben und Leitungsfunktionen sowohl für diese Produktionsstätten als auch für den gesamten Betrieb ausübt (Gesamtbetriebsleitung).

Es gibt nun Fälle, in denen die Gesamtbetriebsleitung für einige größere Produktionsstätten (Werke) besondere Leitungsorgane (Werkleitungen) errichtet und diesen die Grundaufgaben der Initiative und Koordinierung für das Werk überträgt. Es ist dabei gleichgültig, ob das Werk nur eine Grundfunktion oder mehrere Grundfunktionen selbständig in seinem Bereich ausübt. Entscheidend ist allein, daß der Werkleitung die Initiative und Koordinierung für alle drei Grundfunktionen ihres Werkes obliegt, daß sie für diese Aufgaben der Gesamtbetriebsleitung gegenüber verantwortlich ist. In der Durchführung der werklichen Grundfunktionen kann die Werkleitung durchaus eingeengt oder beschnitten sein. Wir werden auf diese wichtige Frage noch zurückkommen.

Durch die Delegierung der Initiativ- und Koordinierungsaufgaben für das Werk entstehen also neue Leitungsorgane innerhalb des Betriebes, die derivativen Charakter haben. Wir sprechen in solchen Fällen von *dezentraler Leitung*. Bei dezentraler Leitung müssen also immer mehrere Leitungsorgane innerhalb des gesamten Wirtschaftsbetriebes vorhanden sein, und zwar wenigstens zwei: eine Gesamtbetriebsleitung und eine dezentrale Leitung. Stets werden diese derivativen Leitungsorgane durch die Gesamtleitung kontrolliert, die sich auch die letzten Entscheidungen und vor allem die Initiative und

2. Leitungsarten

Kontrolle für den Gesamtbetrieb vorbehält. Dies bedeutet naturgemäß eine gewisse Einschränkung der Initiative und Kontrolle der Werksleitung, die aber, da es sich um die Belange des Gesamtbetriebes handelt, notwendig ist. Die Vorbehalte können graduell sehr unterschiedlich sein. Sie sind aber vorhanden und ergeben sich zwangsläufig aus der Nichtdelegierbarkeit der Grundaufgaben und Leitungsfunktionen für den Gesamtbetrieb, in den der Teilbetrieb mit seinem Leitungsorgan eingeschlossen ist. Die neuen Leitungsorgane können also niemals mehr als die beiden Grundaufgaben und alle Leitungsfunktionen *für ihren jeweiligen Teilbereich* innerhalb des Großbetriebes erhalten. Das schließt nicht aus, daß bei Mammutbetrieben die derivativen Leitungsorgane selbst Betrieben mit den Merkmalen eines Großbetriebes vorstehen.

In deutschen Betrieben, auch Großbetrieben, ist vorwiegend die zentralgesteuerte Leitung anzutreffen. Die Vorteile einer zentralen Leitung liegen auf der Hand: Einheitlichkeit der Leitung, einheitliche und schnelle Durchführung aller Maßnahmen, die von der Leitung angeordnet werden, straffe Übersicht und gute Kontrollmöglichkeiten. Die Nachteile sind meistens Gefahr der Bürokratisierung, Langsamkeit der Entscheidungen — da nur die oberste Leitung diese fällen kann — Unselbständigkeit der Mittelinstanzen und Abteilungsleiter und schließlich das Vorhandensein von Personal, welches nicht mitdenkt und mitarbeitet, sondern in erster Linie Befehle weiterleitet und ausführt. Die für das reibungslose Arbeiten in jedem Betrieb so überaus notwendige „Führung der zweiten Hand", die Abteilungsleiter, werden bei straffer zentraler Leitung nur zu leicht vom Mitarbeiter zum „leitenden Befehlsempfänger" degradiert. Es ergibt sich dann die für Außenstehende kaum faßliche Tatsache, daß die Geschäftsleitung eines Großbetriebes zwar Abteilungsleiter mit hohem Gehalt und nomineller Prokura beschäftigt, aber ihnen tatsächlich nicht die Befugnisse einräumt, irgendwelche Entscheidungen innerhalb ihrer Abteilungen oder ihres Aufgabenkreises zu treffen, ohne die Geschäftsleitung vorher um Erlaubnis gefragt zu haben. Bis zu welchem Grad von absoluter Unselbständigkeit das führen kann, mögen zwei kleine selbst erlebte Beispiele zeigen.

In einem Großbetrieb der Veredlungsindustrie, der in drei Schichten arbeitete, behielt sich der technische Betriebsleiter, ein Vorstandsmitglied, das Recht vor, für die einzelnen Werkstätten die Glühbirnen auszugeben. Wenn während der Nachtschicht in einer Produktionsabteilung die Beleuchtung infolge eines Schadens an den Glühbirnen ausfiel, blieben zunächst alle Maschinen stehen. Das lag einmal daran, daß keine Ersatzbirnen ausgegeben worden waren, zum anderen wollte niemand während der Nachtstunden bei dem außerhalb des Werkes wohnenden Vorstandsmitglied vorsprechen. Meistens behalfen sich die Werkmeister damit, daß sie sich aus den Fluren und

Verwaltungsgebäuden usw. Glühbirnen „besorgten". Daß das Ganze von der Geschäftsleitung nur deswegen angeordnet worden war, um den Verbrauch an Glühbirnen im Betrieb zu vermindern („wenn man zu mir kommen muß wegen einer neuen Glühbirne, paßt man besser auf"), rundet das Bild nur ab. Das zweite Beispiel stammt aus der gleichen Firma. Hier ging es um die Frage, ob man das Schreiben der Kundenrechnungen für eine bessere Rechnungsauswertung nicht rein schreibtechnisch anders handhaben könne als bisher. Der Verkaufschef, ein Prokurist, war damit einverstanden. Nicht einverstanden war der kaufmännische Leiter des Großbetriebes, wiederum ein Vorstandsmitglied. Er fand die vorgeschlagene Schreibweise „zu umständlich", obwohl der Verkaufsleiter ihm bewies, daß die neue Schreibweise nicht mehr Zeit in Anspruch nehmen würde als die bisherige. Auch in diesem Falle, an sich eine Bagatelle im Leben eines Großbetriebes, konnte ein leitender Angestellter nicht bestimmen, wie eine Kundenrechnung in seiner eigenen Abteilung geschrieben werden sollte. Dagegen konnte der gleiche Angestellte selbständig über den Verkauf von Waren im Werte von mehr als 100 000 DM disponieren und Rabatte, Skonti und Zahlungsziele mit den Kunden selbst aushandeln.

Eine dezentrale Leitung finden wir oft in Konzernen und konzernähnlichen Großunternehmungen. Häufig liegt sie dann vor, wenn die Herstellung verschiedener Erzeugnisse in mehreren Werken vorgenommen wird. Meist befinden sich diese Werke an einem anderen Ort als dem des Sitzes der zentralen Leitung. Der Grad der Delegierung von Aufgaben der zentralen Leitung an die dezentralen Leitungsorgane — nachfolgend Werkleitungen genannt — ist verschieden. Die Werkleitung soll wenigstens die Funktion der Fertigung oder noch besser zwei Grundfunktionen vollverantwortlich ausüben. In letzterem Fall ist die Zusammenfassung möglich von

a) Einkauf und Fertigung,

b) Fertigung und Verkauf oder

c) Einkauf und Verkauf.

Bei a) kauft das Werk selbst ein und stellt selbst her, der Verkauf erfolgt jedoch durch die Zentrale. Bei b) wird der Einkauf zentral vorgenommen, das Werk übernimmt dafür selbständig neben der Fertigung den Verkauf. Die Kombination c) überläßt die kaufmännische Seite dem Werk, dagegen wird die Herstellung zentral gesteuert und beaufsichtigt. Bei diesen drei verschiedenen Möglichkeiten behält die Gesamtbetriebsleitung in den beiden zuerst genannten Fällen sich einen gewissen Einfluß auf die Fertigung, in den beiden zuletzt genannten einen solchen auf den Verkauf vor. Der Einfluß kann graduell sehr unterschiedlich sein. Die zentrale Leitung kann das Fertigungsprogramm (Erzeugnisse und Typen) allgemein festlegen und die Mengen quotieren. Möglich ist auch der Einfluß auf die Herstellungsverfahren, die Wahl der technischen Ausrüstung und Mittel. Auch die Verkaufspreise oder die Gewinnspanne können von der zentralen Leitung festgelegt werden. Durchaus denkbar ist auch die Lösung, daß alle drei Grundfunktionen in den Händen des Werkes liegen. Die Gesamtbetriebsleitung behält sich jedoch dann entscheidende Schlüsseldispositionen vor. Sie steckt den Rahmen ab, innerhalb dessen die Werkleitung vollkommen selbständig ist. Am besten illustriert die Leitungsdezentralisation vielleicht die Art der Betriebsführung der General Motors Corporation. Das gesamte Unternehmen, welches vor allem die bekannten Automobile Chevrolet, Pontiac, Oldsmobile, Buick und Cadillac herstellt, wird von einem Central Management (Gesamtbetriebsleitung) geleitet, welches besonders das Kapital beschafft, das Herstellungsprogramm jedes Werkes („Division" genannt) genehmigt und die Höchstpreise für den Verkauf der Erzeugnisse festlegt. Die Leiter der einzelnen Werke sind innerhalb des von der Gesamtbetriebsleitung gezogenen Rahmens selbständig. In welchem für uns beinahe unglaubhaft klingendem Umfang diese Werkleiter (Divisional-Manager) frei schaffen können, zeigen folgende Tatsachen:

1. Der Werkleiter trifft etwa 95 Prozent aller Entscheidungen unabhängig von einer Genehmigung des Central-Management.
2. Während des zweiten Weltkrieges war die Unabhängigkeit der Werke so groß, daß sie Rüstungsaufträge der Regierung ohne Befragen des Central-Management annehmen oder ablehnen konnten.
3. Der Werkleiter ist vollverantwortlich für Produktion und Verkauf.
4. Das Werk stellt das von ihm benötigte Personal selbst ein bzw. entläßt und befördert es. Es gibt keinen vorgeschriebenen Etat von seiten des Central-Management für Personal; weder zahlen- noch wertmäßig.
5. Die Werkleitung wählt die technischen Herstellungsverfahren und die dazugehörigen Ausstattungen an Maschinen selbst aus.
6. Der Einkauf der Materialien erfolgt durch das Werk selbst. Das Central-Management zwingt keines seiner Zweigwerke, Zubehör, welches innerhalb der General Motors Corporation selbst hergestellt wird, zu kaufen, wenn der Werkleiter nachweist, daß er außerhalb des Konzerns günstiger einkauft.
7. Dem Werkleiter obliegt selbst die Werbung sowie die Handhabung der oft nicht leichten „Public Relations", d. h. der Repräsentation und Identifizierung des Werkes als soziale Einrichtung in und mit der breiten Öffentlichkeit.

Die Vorteile einer solch weitgehenden Dezentralisation und Verselbständigung der Werkleitungen liegen einmal in der Schnelligkeit von Entscheidungen, die zum täglichen Betriebsablauf notwendig sind. Zum anderen vermeidet man Kompetenzkonflikte zwischen einer örtlich nahen, aber unselbständigen Werkleitung und der an einem anderen Platz befindlichen Geschäftsleitung für den Gesamtbetrieb. Vor allem ist aber die Möglichkeit hervorzuheben, für die Gesamtbetriebsleitung genügend Führungsnachwuchs in den dezentralen Leitungsorganen, den „Divisional Managements", auszubilden. Der letzte Punkt wird von amerikanischen Autoren als der wichtigste angesehen.

Obwohl wir in Deutschland nach der Entflechtung unserer größten Unternehmungen kaum die Möglichkeit haben werden, ähnliche dezentralisierte Leitungen mit so ausgedehnten Befugnissen wie die Divisional Managers der General Motors Corporation zu schaffen, so kann das Prinzip der Dezentralisation dieses Unternehmens, nämlich: „Aufteilung von Gewalten und Aufgaben, aber Einheit und Einheitlichkeit im Handeln" vielleicht dennoch ein Mittel sein, um die Leitung von Großbetrieben aufzulockern, ohne daß die Wirtschaftlichkeit der Betriebe leidet. Der Gewinn wäre nicht zuletzt im Menschlichen zu suchen, in der Tatsache, daß der Großbetrieb dann mehr als je zuvor Aufstiegschancen für unternehmerisch denkende Persönlichkeiten bietet.

b) Bürokratische und pretiale Leitung

Die Dezentralisation der Leitung führt uns in das Problem der pretialen Betriebslenkung, die — nach Schmalenbach — im Gegensatz zur bürokratischen Lenkung steht. Die bürokratische Lenkung arbeitet „mit einer großen Zahl von direkten schriftlichen und mündlichen Anordnungen jeder Art", während bei pretialer Lenkung „die Oberleitung sich des Dreinredens enthält" und „das Handeln der Abteilungsleiter indirekt über eine Abteilungsergebnisrechnung in Verbindung mit einer Abteilungstantieme"[4] gesteuert wird. Man kann heute unterstellen, daß die meisten Betriebe in Deutschland bürokratisch im Sinne vorstehender Ausführungen gelenkt und geleitet werden.

Wenn die Bezeichnung „pretial" gerechtfertigt sein soll, so darf damit nicht nur das Denken in *Verrechnungspreisen* (Optimale Geltungszahl) gemeint sein, sondern das Handeln der der pretialen Lenkung unterworfenen Personen muß auch einen unmittelbaren Einfluß auf den *Verkaufspreis* ausüben können. Dies ist z. B. dann möglich, wenn — wie bei General Motors — die Werkleitungen nur Höchstpreise von der übergeordneten zentralen Leitung (der Oberleitung im Schmalenbachschen Sinne) vorgeschrieben bekommen, die jedoch nach unten von den Werkleitungen jeder Zeit unterschritten werden können. Eine Gewinnbeteiligung der Werkleitungen — bei geringem Fixum — verhindert eine für die Gesamtunternehmung schädliche oder gar verhängnisvolle Preispolitik der Werkleitungen. Am Beispiel von General Motors haben wir gezeigt, daß pretiale Lenkung und dezentrale Leitung zusammenfallen können.

Beide Begriffe müssen aber nicht identisch sein. Man kann nicht mehr von „pretialer" Lenkung sprechen, wenn der Verkaufspreis eine alleinige Angelegenheit der Gesamtbetriebsleitung ist. Wir ziehen dann

---

[4] K. *Bender:* a. a. O., S. 5.

den Ausdruck „dezentrale Leitung" vor. Dies ist z. B. der Fall, wenn die Werkleitung die Grundfunktionen Einkauf und Fertigung ausübt. Wenn die Werkleitung dann durch günstigen Einkauf und rationelle Fertigungsmethoden die Spanne zwischen Herstellpreis und dem von der zentralen Leitung festgelegten Verkaufspreis vergrößert, so vermag sie entweder für sich selbst oder für das Gesamtunternehmen Differentialgewinne zu erzielen. Einen unmittelbaren Einfluß auf den Verkaufspreis übt sie aber nicht aus. Denn jede Kostensenkung durch die Werkleitung zieht durchaus nicht zwangsläufig Preisänderungen von seiten der zentralen Leitung nach sich. Noch weniger wird man von pretialer Lenkung sprechen können, wenn die Werkleitung nur für die Fertigung verantwortlich ist und ihr die Fertigungsmethode entweder vorgeschrieben oder ein Datum ist. In diesem Fall kann aber die dezentrale Geschäftsleitung mittels einer neuzeitlichen Kostenplanung, einer Abteilungserfolgsrechnung auf der Grundlage einer Totalplanung (BREDT-System)[5] Rechenschaft über die Wirtschaftlichkeit des von ihr geleiteten Werkes geben.

Daß die Werkleitung an den Erfolgen ihrer Leitungsarbeit durch Tantiemen beteiligt sein muß, ist eine wesentliche Voraussetzung der Wirksamkeit jeder pretialen Lenkung und dezentralen Leitung. Die Höhe der Tantieme muß sich nach der geleisteten Arbeit richten, wobei der geldliche Erfolg nicht immer der einzige Maßstab sein muß. Oft ist das Halten einer Stellung am Markt mit mehr Einsatz und Arbeit verknüpft und zeigt mehr Leitungsfähigkeiten als ein Betrag auf dem Erlöskonto, dessen Hauptbestandteil aus konjunkturellen Gewinnen bestehen kann. Die Methoden und Mittel, um eine richtige Leitungstantieme herauszufinden und zu gewährleisten, sind nicht einfach. Als Grundsatz hat zu gelten: Je wichtiger die Position, desto höher die Tantieme. Bei weitgehend selbständiger Leitung sollte die Tantieme unter normalen Geschäftsbedingungen und Steuersätzen die verantwortlichen Direktoren in den Stand setzen, in wenigen Jahren finanziell unabhängig zu sein. Je unabhängiger sie finanziell sind, desto weniger werden sie an ihrem Posten „kleben", desto mehr werden sie ihre eigene Meinung der Gesamtbetriebsleitung gegenüber vertreten. Sowohl der pretial gelenkte als auch der dezentral geleitete Großbetrieb will keine Ja-Sager in den Werkleitungen, sondern Mitarbeiter, die ein kritisches Wort nicht scheuen.

---

[5] Über das BREDT-System des betrieblichen Rechnungswesens, welches u. a. nicht Kosten (Ist) mit Kosten (Plan) vergleicht, sondern den Ist-Kosten bewertete Leistungen (Erträge) gegenüberstellt, und von Dr. Ing. Otto *Bredt*, Hannover, entwickelt wurde, siehe auch: E. *Schneider*, a. a. O. S. 130.

3. Leitungshilfsmittel

a) Organisationsformen

Wenn wir uns nun den externen organisatorischen Leitungsproblemen zuwenden, d. h. der Frage, wie die Leitung ihren Willen dem Betrieb gegenüber organisatorisch zuleitet und durchsetzt, so stoßen wir auf den Komplex der Organisationsformen, die in der Literatur als Linien-, funktionale und Stab-Linienorganisation bekannt sind. Wir untersuchen hier im wesentlichen nur die Frage, welcher dieser Organisationsformen sich die Geschäftsleitung bedient. Wir betrachten dabei besonders die „Nahtstelle" zwischen der Geschäftsleitung und den übrigen Betriebsorganen, die im allgemeinen als Mittelinstanzen des Betriebes bezeichnet werden können.

Die *Linienorganisation* (Abb. 3) wird u. a. Henri Fayol zugeschrieben. Sie ist vor allem durch das Prinzip der einheitlichen Auftragserteilung und -entgegennahme gekennzeichnet. Es besagt nichts anderes, als daß jeder Untergebene nur von einem, seinem unmittelbaren und persönlichen Vorgesetzten, Aufträge entgegennehmen kann und darf. Zugunsten einer straffen Disziplin, eines eindeutigen Befehlsweges und eines klaren Instanzenzuges wird auf den Vorteil der Spezialisierung bei den Instanzenleitern verzichtet. Jeder Vorgesetzte in der Linienorganisation muß entweder alle Funktionen seines Sachgebietes beherrschen oder die ihm zugeteilten Funktionen dürfen nicht mehr umfassen, als er selbst ausüben kann.

Abb. 3. Beispiel für eine Linienorganisation

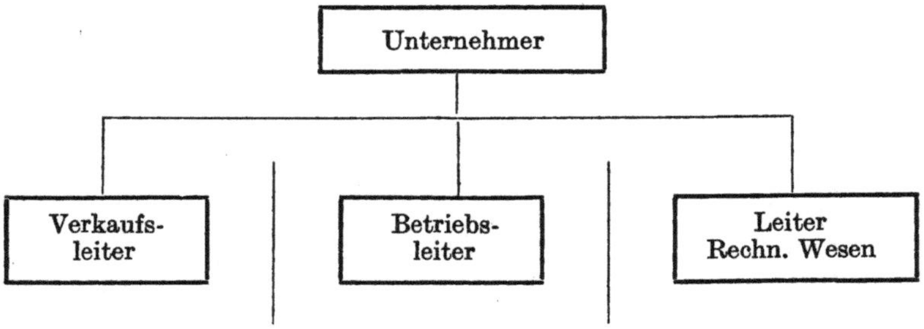

```
          ┌──────────────┐
          │ Unternehmer  │
          └──────┬───────┘
       ┌────────┼────────┐
┌──────┴──┐ ┌───┴────┐ ┌──┴──────┐
│Verkaufs-│ │Betriebs│ │ Leiter  │
│ leiter  │ │ leiter │ │Rechn.Wesen│
└─────────┘ └────────┘ └─────────┘
```

Bemerkung: Anweisungen gehen an alle Instanzen durch den Unternehmer selbst, Direktverkehr zwischen den Instanzen ist in der Regel nicht statthaft.

Vorteil: Klarer Instanzenzug und eindeutige Befehlsbefugnisse, Einheitlichkeit im Handeln sichergestellt.

Nachteil: Gefahr der „Abschottung".

3. Leitungshilfsmittel

Abb. 4. Beispiel für eine funktionale Organisation

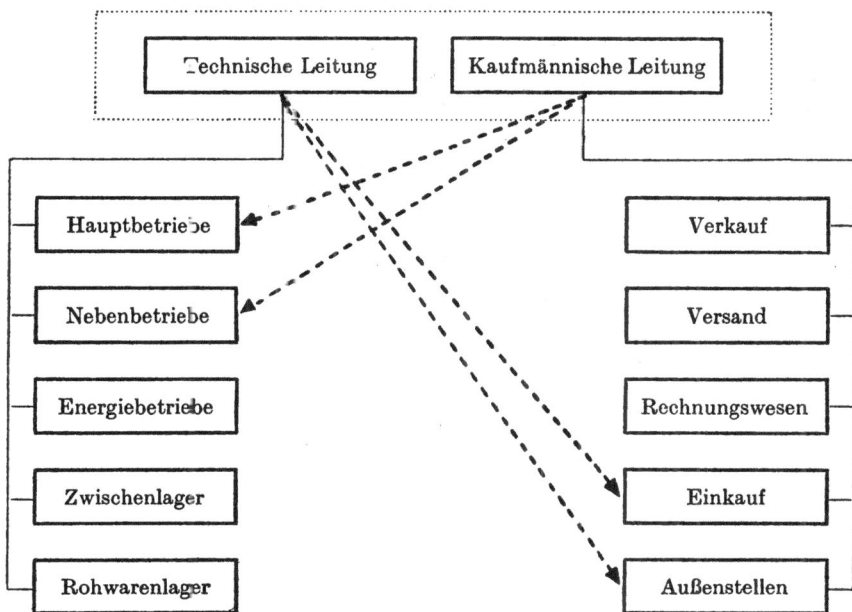

Bemerkung: Die beiden Mitglieder der Geschäftsleitung haben für den Normalfall Anweisungsrecht an alle Abteilungen, mit denen sie sachlich (funktional) verbunden sind (punktierte Linie), ohne Rücksicht darauf, ob diese Abteilungen ihnen auch personell unterstehen (ausgezogene Linie). Beispiel: Technische Leitung gibt Einkaufsabteilung unmittelbar Order für Rohwarenbestellung. Kaufmännische Leitung fordert unmittelbar bei den Betrieben statistische Zahlen für das Rechnungswesen an.

Vorteil: Schnelles Arbeiten, da Direktverkehr.

Nachteil: Möglichkeit von Kompetenzstreitigkeiten und Unklarheiten. Abhilfe durch schriftlich festgelegte Geschäfts- und Arbeitsanweisungen. Prüfen, ob organisationsgerechte Personalauswahl (s. Seite 102) notwendig ist.

Erklärung: Geschäftsleitung

Die starre Form des Liniensystems — weil der Dienstweg, d. h. der Weg von Instanz zu Instanz, beachtet werden muß — und die fehlende Möglichkeit, befähigte Spezialisten einzusetzen, will die funktionale Organisation, die auf Taylors Prinzipien aufbaut, beseitigen. Die *funktionale Organisation* (Abb. 4) verwirft die Gedanken Fayols auf das schärfste[6]. Sie basiert auf

---

[6] „Throughout the whole field of management the military type of organization should be abandoned" schrieb F. W. *Taylor*, zitiert nach L. *Urwick:* „Organization as a Technical Problem", enthalten in L. *Gulick*, „Papers on the Science of Administration", S, 85.

dem Grundgedanken der Arbeitsteilung: Jeder Mensch kann nur e i n e Funktion wirklich beherrschen, nur in einem einzigen Gebiet Meister sein. In der funktionalen Organisation werden von jedem Arbeitsträger (Instanz oder Person) nur eine Funktion oder mehrere gleiche oder ähnliche Funktionen bearbeitet. Damit wird aber jede Person im Betrieb in ihrer Arbeit von vielen Stellen, die funktional und nicht disziplinarisch wie bei Fayol auf sie einwirken, abhängig. Es gibt kein Prinzip des einheitlichen Auftragsempfangs mehr, dafür kann auf einen zeitraubenden Instanzenweg verzichtet und ein direkter Verkehrsweg von Abteilung zu Abteilung eingeschlagen werden. Die Hauptmängel der funktionalen Organisation liegen darin, daß sie einerseits die Betriebsdisziplin schwächt, weil es an einer klaren persönlichen Unterordnung mangelt, zum anderen aber den Untergebenen eine ordnungsgemäße Erledigung ihrer Arbeit erschwert, da der Zeitfaktor — d. h. welche Aufgabe von mehreren zuerst ausgeführt werden soll — unberücksichtigt bleibt. Den Ausweg aus den Unzuträglichkeiten beider Organisationsformen glaubten die Amerikaner mit der Schaffung der dritten Form, der *Stab-Linienorganisation* (Abb. 5) gefunden zu haben. Hierbei wird die Ausführung jeder betrieblichen Arbeit auf dem Liniensystem vollzogen, während die Leiter bestimmter Dienststellen Stäbe von Spezialisten (Stabsdienststellen) zugeteilt erhalten, die den Linienchef beraten. Diese Organisationsform kombiniert also eine gewisse Arbeitsteilung von Ausführung und Beratung, Durchführung und Planung, wobei jedoch der Vorteil der straffen Disziplin und der Verantwortlichkeit des Liniensystems erhalten bleibt.

Ursprünglich hatten diese Stabsstellen keinerlei Weisungsrecht an die ausführenden Linienorgane. Jedoch macht sich heute nach und nach die Tendenz bemerkbar, daß sich aus den Stäben eine funktionale Organisation entwickelt. Diese kann sich sowohl auf die Linie als auch auf weitere, im Instanzenbau unterhalb stehende Stäbe erstrecken. Dann werden Stäbe höherer Instanzen gleichsam zu Linienvorgesetzten von Stäben niedrigerer Instanz. Diese Ausweitung der Kompetenz der ursprünglich nur beratenden Stäbe beruht entweder auf organisatorischen Zweckmäßigkeitsgründen, insbesondere aus Gründen der Arbeitsentlastung des Linienvorgesetzten, oder weil die Leiter der Stabsstellen, die meist eine angesehene und wichtige Stellung in der Unternehmung einnehmen, sich oft unbewußt Befehlsgewalt aneignen.

Ganz allgemein halten wir es einmal für notwendig, darauf hinzuweisen, daß es grundfalsch ist, die Linienorganisation schlechthin als „die militärische Organisationsform" zu bezeichnen. Ohne an dieser Stelle militär-historische Studien treiben zu wollen, müssen wir feststellen, daß es seit mindestens 200 Jahren in den Armeen aller Länder nicht nur die Linien-, sondern auch in starkem Maße die funktionale

3. Leitungshilfsmittel

Abb. 5. Beispiel für eine Stab-Linienorganisation

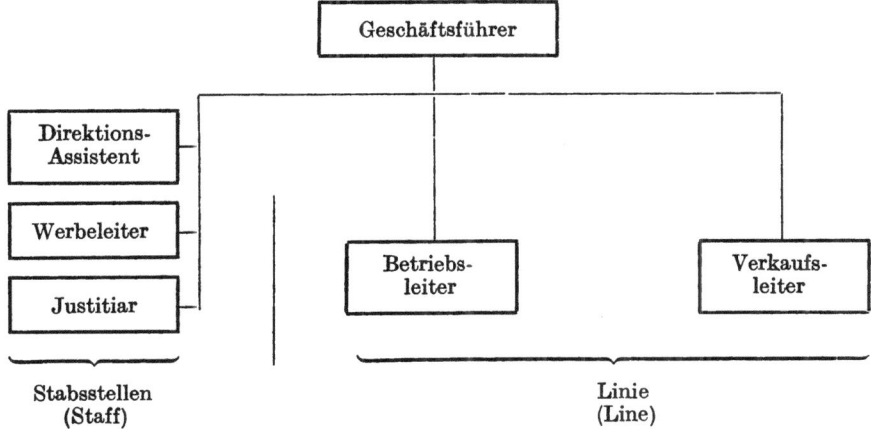

Bemerkung: Der Geschäftsführer wird hier auf zwei Befehlswegen tätig: 1. dem Liniendienstweg, 2. dem Stabsdienstweg. Die Stabsstellen haben in der Regel keine Befehlsbefugnis an die Linienstellen. Prinzip der Arbeitsteilung: Linie führt aus, Stab berät.

Vorteil: Einsatz von qualifizierten Spezialisten, Entlastung der Linienchefs und der Geschäftsleitung von Sonderfragen.

Nachteil: Möglichkeit des „Abseitsstehens" der Stäbe vom wirklichen Betriebsleben, da kein Direktverkehr zwischen Stab und Linie.

und Stab-Linienorganisation gegeben hat. Die modernen Wehrmachtsorganisationen in aller Welt arbeiten in den entscheidenden Führungsebenen sogar überwiegend mit der funktionalen und der Stab-Linienorganisation. Insofern haben weder Fayol noch Taylor oder Emerson die zum Teil nach ihnen benannten Organisationsformen „erfunden". Emerson gibt übrigens selbst an, die Idee der Stab-Linienorganisation vom Grafen Moltke, dem Chef des preußischen Großen Generalstabs, übernommen zu haben. Ihr Verdienst ist und bleibt es freilich, daß sie diese Formen für die Wirtschaft als zweckmäßig erkannt und sie systematisch in das Wirtschaftsleben eingeführt haben. Wir wollen uns nun nach diesen kurzen Hinweisen auf das Wesen der drei Organisationsformen mit der Frage befassen, ob und in welcher Weise sie für die Geschäftsleitung geeignet sind, die Befehlsübermittlung an den Betrieb, d. h. die der Geschäftsleitung unmittelbar unterstellten Dienststellen und Personen, zu übernehmen.

Für das Direktorialsystem eignet sich am besten eine klare Linienorganisation oder die Stab-Linienorgansation. Beide Organisationsformen kommen den Wünschen einer Einzelpersönlichkeit als Führer des Betriebes am nächsten, weil sie immer eine klare Spitze aufweisen. Welcher Organisationsform von beiden man sich bedient, hängt von einer Reihe von Faktoren ab, wie z. B.:

1. Größe des Betriebes,
2. Branche und Erzeugnisprogramm,
3. Vertriebsform,
4. bereits vorhandene Organisationsform,
5. Personalfragen,
6. Kostenfragen.

Die Größe des Betriebes ist z. B. für die Wahl der Organisationsform ein recht beachtlicher Faktor. Fayol hat sich eingehend mit dieser Frage befaßt, die eine solche der Anzahl der zu wählenden Instanzen darstellt. Bis zu einer gewissen Betriebsgröße kann der oberste Willensträger, sei er selbständiger Unternehmer, alleiniger Geschäftsführer oder Generaldirektor einer Aktiengesellschaft, mit einem einfachen Liniensystem durchaus wirksam arbeiten. Dies ist vor allem dann der Fall, wenn das Erzeugnisprogramm in der Herstellung technisch keine allzu großen Schwierigkeiten macht und die Fertigung nur wenige Artikel oder einige wenige, aber homogene Erzeugnisgruppen umfaßt. In diesen Fällen genügen ein oder zwei technische Direktoren, die zugleich die Produktion bestimmter Artikel oder Artikelgruppen verantwortlich übernehmen. Der kaufmännische Apparat mit Einkauf und Vertrieb und vielleicht sogar noch mit Verwaltungsaufgaben betraut, wird wiederum einem Direktor unterstellt. Auch wenn nun noch andere Bereiche, wie z. B. Forschungslaboratorien oder ganze Forschungsgruppen hinzutreten, so bleibt dennoch selbst ein Großbetrieb für den alleinigen Direktor zu übersehen.

Anders liegen die Dinge, wenn die Anforderungen an die Leitung sich erhöhen. Denken wir an einen Großbetrieb, der etwa 10 000 Köpfe beschäftigt, ein vielseitiges und heterogen zusammengesetztes Erzeugnisprogramm aufweist, welches an unterschiedliche Abnehmerkreise verkauft wird, und in dem häufig schwierige Rechtsfälle erledigt werden müssen. Bei dieser Sachlage wird es ratsam sein, daß der alleinige Betriebsführer sich zur Unterstützung qualifizierter Mitarbeiter bedient, die ihm beratend zur Seite stehen. So wäre es denkbar, daß sich der Leiter des Betriebes einen Juristen oder Wirtschaftswissenschaftler, einen Werbeleiter oder Organisationsfachmann heranzieht und um diese Spezialisten jeweils einen kleinen Stab aufbaut, von dem er sich beraten läßt, und der selbständig bestimmte Spezialgebiete bearbeitet. Diese Stabsdienststellen würden auch die Linienchefs entlasten, was sich stets günstig auswirken wird, da diese sich dann vermehrt ihrem ureigensten Gebiet, nämlich der Durchführung der rein betrieblichen Arbeit, widmen können.

Aus der Schwierigkeit und Vielfalt der wirtschaftlichen, rechtlichen und auch menschlichen Verhältnisse ergibt sich somit oft teils unmittelbar, teils erst nach einer langfristigen Entwicklung die Notwendigkeit, die Linienorganisation eines Betriebes zu einer Stab-Linienorganisation auszubauen. Selbstverständlich spielen neben rein sachlichen Gründen auch personelle Faktoren eine Rolle, so z. B. die unter Umständen begrenzten Fähigkeiten von bereits langjährig vorhandenen Linienchefs oder die Möglichkeit, hervorragende Spezialisten für Sondergebiete einstellen zu können. Manchmal können bereits vorhandene Kräfte als Leiter von Stabsstellen noch wirkungsvoller eingesetzt werden. Auch die Kosten für die Bildung neuer Stäbe sind neben vielen, rein persönlichen Ansichten des Direktors zu berücksichtigen. Vielfach sind sachliche Beweggründe und persönliche Wünsche des Alleinzeichnungsberechtigten gekoppelt, wenn eine Änderung von der Linienorganisation zur Stab-Linienorganisation durchgeführt werden soll. So kann der Gedanke, die Linienchefs zu entlasten, gleichzeitig mit dem Wunsch verbunden sein, unabhängig von den Linienchefs zu arbeiten und damit seine beherrschende Stellung im Großbetrieb noch wirkungsvoller zu gestalten. Dies erfolgt dann dadurch, daß man die Arbeitsgebiete der Linienchefs verkleinert und die diesen entzogenen Vorgänge in Stäben bearbeiten läßt, die man sich selbst unterstellt.

Eine Anwendung der funktionalen Organisationsform ist beim Direktorialsystem nicht möglich, denn jede echte Funktionalisierung setzt eine Trennung von personeller und sachlicher Unterstellung voraus, d. h. es müssen mindestens zwei Vorgesetzte vorhanden sein, von denen Weisungen und Anordnungen entgegengenommen werden müssen. Im Direktorialsystem gibt es innerhalb der Leitung aber stets nur eine Stelle, die Weisungen erteilt: der Generaldirektor. Personelle und sachliche Kompetenzen sind in der Person des leitenden Direktors vereinigt. Eine echte und bewußte funktionale Organisationsform ist daher bei einer im Direktorialsystem tätigen Geschäftsleitung nicht denkbar, ja geradezu ein Widerspruch in sich.

Nun findet man freilich Organisationen, die eine gewisse Funktionalisierung in einem Direktorialsystem darstellen. Hierbei handelt es sich um ein eigentümliches organisatorisches Verhältnis zwischen dem Leiter des Betriebes und bestimmten Personen der Leitung im weiteren Sinne. Diese Abart der Funktionalisierung liegt stets dann vor, wenn gewisse, der Leitung nahestehende Personen sich im Laufe der Zeit Positionen geschaffen haben, die ursprünglich vom Unternehmer oder Generaldirektor nicht beabsichtigt waren. Während die personelle Unterstellung dieses Personenkreises unter die Unternehmungsleitung naturgemäß weiterhin bestehen bleibt, ist die sachliche Unterstellung aufgehoben. Dies ist zwar nicht organisatorisch verbrieft und festgelegt, entspricht aber de facto dem Stand der Dinge. Die Inhaber solcher Positionen legen aus verständlichen Gründen keinen Wert darauf, die Kompetenzen wieder klarzustellen. Ein solcher Zustand hat mit einer zweckmäßigen und bewußten Organisation nichts zu tun und findet einzig und allein aus den zwischenmenschlichen Beziehungen der Beteiligten ihre Erklärung.

Auch beim Kollegialsystem in der Leitung von Betrieben ist die Linienorganisation möglich und sogar oft vorhanden. Sie führt bei manchen Großbetrieben dazu, daß an Stelle eines Gesamtvorstandes im Laufe der Jahre sich de facto ebensoviel Leitungsorgane entwickeln wie Vorstandsmitglieder vorhanden sind. Der Geltungsbereich dieser Leitungsorgane beschränkt sich naturgemäß auf jene Abteilungen, die den Vorstandsmitgliedern unterstehen, d. h. auf einzelne Teile des Betriebes. In jedem dieser Teilbetriebe besteht dann ein ausgeprägtes Liniensystem, welches im jeweiligen Vorstandsmitglied seine oberste Spitze findet. Alle Querverbindungen innerhalb des Großbetriebes sind durch die starre Linienorganisation in jedem Teilbetrieb abgeschottet. Betrifft nun ein Vorgang mehrere Teilbetriebe, so werden die Geschäftsvorgänge zunächst im ersten Teilbetrieb von unten nach oben bis zu dessen Spitze, einem Vorstandsmitglied, und von dort zum zweiten Teilbetrieb geschleust. Nach dessen Mitprüfung oder Bearbeitung gelangt dann der Vorgang wieder über die Vorstandspost zurück in den Bereich des ersten Teilbetriebes, wo er nunmehr von oben nach unten, von Instanz zu Instanz, die Stufenleiter abwärts durchläuft, bis er bei der absendenden Stelle eintrifft. Der Leitungsapparat des Gesamtvorstandes muß bei solchem Verfahren schwerfällig und überlastet werden.

Darüber hinaus können beim Vorliegen solcher Linienorganisationen innerhalb der Gesamtunternehmung die einzelnen Vorstandsmitglieder nicht nur jedes gemeinsame Handeln, sondern selbst rein informatorische Gespräche der ihnen personell, d. h. im Liniensystem unterstehenden Personen verhindern. Dann beginnt innerhalb des Großbetriebes jener verhängnisvolle Kreislauf, der stets das Teil vor das Ganze, das Ressort vor den Gesamtbetrieb stellt. Dann geht es nicht mehr um betriebswirtschaftliche Notwendigkeiten, sondern um persönliche Machtkämpfe, Sicherung der eigenen Stellung sowie Wahrung des Gesichts vor dem Betrieb und der Umwelt. In diese Kämpfe werden zwangsläufig nach und nach alle Angestellten und Arbeiter hineingerissen. Entscheidend für betriebsnotwendige Entschlüsse ist nicht mehr das fachliche Können und die Fähigkeiten der einzelnen, sondern die Zugehörigkeit zu einer bestimmten Stelle und damit zu einem bestimmten Personenkreis, oder noch deutlicher: zu einer Clique. Der einzelne Angestellte ist von vornherein „abgestempelt" und klassifiziert, das Urteil über ihn und seine Ansichten in geschäftlichen Dingen steht damit fest. Zu welchen Unsinnigkeiten und Unwirtschaftlichkeiten ein solcher Zustand führen kann, zeigt folgendes Beispiel:

In einem Großbetrieb, an dessen Spitze zwei Brüder standen, war einer im allgemeinen für den technischen, der andere für den kaufmännischen Bereich zuständig. Als aus irgendeinem Grunde der eine Bruder die Trennung eines großen Fabrikationsraumes in zwei kleinere Räume anordnete, wurde die Trennwand, nachdem sie errichtet worden war, auf Anordnung des anderen Bruders wieder eingerissen. Sie wurde erneut errichtet, um wiederum eingerissen zu werden. Dies ereignete sich tatsächlich dreimal an ein und derselben Stelle. Man kann sich vorstellen, wie die Gesamtatmosphäre des Betriebes im Laufe der Jahre vergiftet wurde.

Die Nachteile solcher allzu straff gehandhabten Linienorganisation machen sich gerade an jenen Stellen im Betrieb bemerkbar, wo ein Geschäft mit der Kundschaft von der Schnelligkeit und Zuverlässigkeit der Erledigung abhängt. Das gleiche gilt für das heikle Gebiet der Reklamationen. Je unmittelbarer sich die entscheidenden Stellen in Verbindung setzen können, desto schneller wird eine solche erledigt. Selbst wenn ein Entscheid zuungunsten des Kunden getroffen werden muß, so spürt dieser doch an der schnellen Art der Erledigung, daß der Betrieb sich nicht bürokratisch bedächtig, sondern unverzüglich und aufgeschlossen mit seiner Reklamation beschäftigt hat.

Von welcher Bedeutung die Wahl der Organisationsform für die Führung der Geschäfte sein kann, möge folgender Fall zeigen:

In einem chemischen Großbetrieb bestand ein Kollegialvorstand, der sich u. a. aus je einem technischen und kaufmännischen Vorstandsmitglied sowie einem solchen für die wissenschaftliche Forschung zusammensetzte. Die technische, kaufmännische und wissenschaftliche Gesamtbetriebsleitung war in einer sogenannten „Hauptverwaltung" zentralisiert. Dem technischen Vorstand unterstanden mehrere örtlich verschieden gelegene Werke, dem kaufmännischen Vorstandsmitglied u. a. die in verschiedenen Städten gelegenen Verkaufsbüros. Teilweise waren diese auch in den Werken selbst untergebracht. Als ein Kunde bei einem Verkaufsbüro reklamierte, ging diese Reklamation auf dem üblichen Liniendienstweg vom Verkaufsbüro zum Verkaufschef. Dieser übermittelte die Reklamation dem technischen Abteilungschef, der das dem wissenschaftlichen Vorstandsmitglied unterstellte Forschungslaboratorium um eine Analyse der beanstandeten Sendung von Chemikalien bat. Das Ergebnis der Analyse wurde zuerst dem technischen Abteilungsleiter mitgeteilt, der seinerseits wieder dem Verkaufschef Mitteilung machte. Nach dessen Entscheid wurde das endgültige Ergebnis der Kundenreklamation dem Verkaufsbüro zur Weiterleitung an den Kunden mitgeteilt. Der Zeitbedarf für die Erledigung der Reklamation im reinen Liniensystem betrug bis zu 14 Tagen. Dabei war das Verkaufsbüro in den Räumen des Werkes, welches die beanstandete Sendung geliefert hatte, untergebracht!

Hätte sich das Verkaufsbüro unmittelbar an das Lieferwerk wenden können und die vom Kunden beanstandeten Chemikalien direkt an das Forschungslaboratorium unter Abgabenachricht an jede beteiligte Stelle gesandt, so hätte sich an der Zuständigkeit der Entscheidung der Reklamation nichts geändert, aber durch die Funktionalisierung wäre der Zeitbedarf auf 6 bis 8 Tage verkürzt worden.

Bei kollegialer Leitung leistet das Liniensystem den auseinanderstrebenden Kräften innerhalb der Leitung eines Betriebes gefährlichen Vorschub und verstärkt die Tendenz, daß jedes Mitglied der engeren Leitung sich sein eigenes Reich mit einer eigenen Geschäftspolitik aufbaut. Es ist daher zweckmäßiger, entweder zu einer funktionalen Organisationsform oder zu einer Stab-Linienorganisation überzugehen. Hierbei muß der Stab aber dem Kollegialvorstand insgesamt gegenüber verantwortlich sein, soll er seine Aufgabe als Bindeglied zwischen den einzelnen Mitgliedern der Geschäftsleitung erfüllen. Das hindert nicht, daß der Stab (die Stäbe) personell dem Vorsitzer unterstellt wird. Freilich hängt die Einführung der funktionalen Organisation davon ab, daß auch die betrieblichen Voraussetzungen für eine Funktionalisierung gegeben sind. Hierzu ist es u. a. unerläßlich, daß die Bereiche, die durch die Funktionalisierung enger als in der Linienorganisation miteinander verbunden werden sollen, untereinander arbeitsbedingt verflochten sind. Die Einrichtung einer funktionalen Organisationsform z. B. zwischen dem Verkaufsbereich und der Forschung oder der Produktion mit einer Rechtsabteilung ist wenig sinnvoll. In den Fällen, wo die betrieblichen Voraussetzungen für eine echte Funktionalisierung fehlen, muß die Bildung einer Zentralabteilung gewählt werden. Eine solche, dem Gesamtvorstand verantwortliche Zentralabteilung könnte folgende Aufgaben für die primäre Geschäftsleitung durchführen:

1. Beschaffung und Verwaltung von Unterlagen für Dispositionen und Planungen des Gesamtvorstandes, insbesondere Produktions-, Umsatz- und Kostenstatistiken,
2. Unterrichtung des Gesamtvorstandes über alle wichtigen Ereignisse innerhalb und außerhalb des Betriebes,
3. Kontrolle der Durchführung von Entscheidungen des Gesamtvorstandes mittels einer Revisionsabteilung oder einzelner Revisoren.

Die Bildung einer Zentralabteilung mit derartigen Aufgaben stellt ein wertvolles organisatorisches Hilfsmittel dar, um in Betrieben mit kollegialer Verfassung den sich vielfach aus rein persönlichen Gründen anbahnenden auseinanderstrebenden Tendenzen im Interesse des Betriebes entgegenzuwirken und sie einzudämmen. Der erstrebte Erfolg hängt jedoch weitgehend von den Persönlichkeiten in der Zentralabteilung ab, und an den Leiter der Abteilung werden oft außergewöhnliche charakterliche Anforderungen gestellt. Daß eine solche Zentralabteilung von einem Prokuristen geleitet werden muß, geht bereits aus dem Aufgabenkomplex der Zentralabteilung und seiner Bedeutung für den Betrieb hervor. Es ist natürlich möglich, in eine solche Zentralabteilung auch andere Sachgebiete, wie z. B. Rechtsangelegenheiten, einzubauen. Ob Rechtsfragen in einer eigenen Stabsstelle oder als eigene Gruppe in einer Zentralabteilung bearbeitet werden, hängt vom

Umfang und der Wichtigkeit des Sachgebietes für den Betrieb ab. Man findet sogar Großbetriebe, in denen die Rechtsfragen durch ein Vorstandsmitglied selbst, nur verstärkt durch einen kleinen Stab, bearbeitet werden. In letzterem Falle besteht allerdings die Gefahr, daß diesem Vorstandsmitglied dann „zur Arrondierung" seines Arbeitsbereiches noch andere Sachgebiete zugewiesen werden, die, rein sachlich betrachtet, in das Fachgebiet anderer Vorstandsmitglieder gehören.

Wir sind bis jetzt stets davon ausgegangen, daß irgendeine der drei Organisationsformen im Betrieb vorliegt, und haben weiterhin vorausgesetzt, daß eine solche auch klar erkennbar ist. Es gibt aber Betriebe, in denen nur Umrisse und Zerrbilder dieser Organisationsformen vorkommen, wo wirklich fast alles ungeklärt ist und kaum Kompetenzen und Verantwortlichkeit zu erkennen sind. Man findet gar nicht so selten, wie man glaubt, Betriebe, deren einzig erkennbare Organisationsform darin besteht, daß es einerseits eine Leitung und andererseits eine bestimmte Anzahl von Angestellten und Arbeitern gibt. Das Hauptunterscheidungsmerkmal besteht weniger in einer bestimmten Instanzenhöhe mit Kompetenz und Verantwortung, sondern mehr in einem unterschiedlichen Gehaltsbetrag. Wollte man das Organisationsschema eines solchen Betriebes zeichnerisch darstellen, so hätte man auf die obere Hälfte des Blattes die Geschäftsleitung und auf die untere Hälfte ebensoviel Punkte wie Beschäftigte zu zeichnen. Jeder Punkt würde einfach mit der Geschäftsleitung durch eine gerade Linie verbunden. In einem solchen Organisationsplan gibt es praktisch keine Instanzen. Der „Chef" kümmert sich um alles, nur nicht um Instanzen und Verantwortungsbereiche. Jeder im Betrieb Tätige wird mehr oder weniger vom Chef selbst angewiesen. Fast alles wird vom Chef selbst unmittelbar unter Umgehung aller Zwischenstufen befohlen.

Jede Organisationsform setzt aber zu ihrem Funktionieren voraus, daß jeder im Betrieb — erst recht bei dem komplizierten Arbeitsablauf eines Großbetriebes — sich an die bestehenden Instanzen hält. Grundsätzlich sind den Leitern der Instanzen, nicht aber den diesen unterstellten Personen, Weisungen zu erteilen. Aus der Mißachtung des Dienstweges und der Instanz von seiten der Geschäftsleitung ergibt sich zu leicht ein circulus vitiosus: Infolge der unmittelbaren Befehlsgebung durch die Leitung vernachlässigen die Abteilungsleiter ihre Arbeit, da sie sich überflüssig fühlen. Hierdurch ergeben sich Reibungen und Fehler im Betrieb, die die Leitung ihrerseits erst recht veranlassen, die fehlerhaft arbeitenden Instanzen zu umgehen und sich unmittelbar an die Stelle zu wenden, die die Arbeit ausführen soll. Der Fehler liegt aber einwandfrei bei der Geschäftsleitung. Jede Geschäftsordnung, jeder Geschäftsverteilungsplan und jede Organisation mit ihren gerade für den Großbetrieb notwendigen Instanzen kann nur dann langfristige und geordnete Regelungen für den Ablauf des Dienstbetriebes bringen, wenn alle im Betrieb tätigen Personen sie kennen und sich daran halten. Sache der Geschäftsleitung ist es, für ihren Betrieb diejenige Organisationsform zu wählen, die für diesen und die in ihm beschäftigten Personen paßt. Und nichts wäre verfehlter, als irgendwelchen organisatorischen Ideologien zu huldigen, die für den betreffenden Betrieb nach Lage der Dinge wesensfremd sind. Eine brauchbare Organisation läßt sich immer nur aus der jeweiligen speziellen Aufgabenstellung des Betriebes unter Berücksichtigung aller Gegebenheiten gestalten. Deshalb kann auch die in dem einen Betrieb bewährte Organisation nicht ohne weiteres auf einen anderen mit Erfolg verpflanzt werden. Wer in der Organisation und der Schaffung von betrieblichen Organen nur kopiert, statt individuell zu gestalten, wird scheitern.

b) Geschäftsverteilungsplan

Ein wesentliches organisatorisches Hilfsmittel der Leitung für die Abwicklung der anfallenden Geschäftsvorgänge ist der Geschäftsverteilungsplan. Er stellt eine Anordnung der Leitung dar und ist in der Regel schriftlich festgelegt, um die Erledigung bestimmter, oft häufig wiederkehrender Arbeitsvorgänge stets durch die gleiche Person oder Abteilung sicherzustellen. Der Geschäftsverteilungsplan klärt somit für die wichtigsten Abteilungen, insbesondere die Stabsdienststellen und das Direktionssekretariat, welche Abteilung für ein bestimmtes Arbeitsgebiet federführend und wer in der betreffenden Abteilung der jeweilige Sachbearbeiter ist. Oft wird der Plan ergänzt durch allgemeine Hinweise, wie die Arbeit im Normalfall zu erledigen ist (Geschäftsanweisung). In manchen Fällen bildet der Geschäftsverteilungsplan wiederum die Grundlage für diejenigen Pläne, die die Arbeit innerhalb der Abteilungen regeln. Zweckmäßigerweise werden die Geschäftsverteilungspläne und -anweisungen eines Großbetriebes schriftlich festgelegt. Für die meisten Geschäfte ist die Bestimmung einer federführenden Abteilung ohne weiteres möglich. Darüber hinaus wird es eine Reihe von Vorfällen geben, deren Bearbeitung man nicht generell im Geschäftsverteilungsplan, sondern nur von Fall zu Fall bestimmen kann. Hierzu wird im Geschäftsverteilungsplan praktischerweise von vornherein eine Stelle bestimmt, die der Geschäftsleitung unmittelbar untersteht und welche die Auszeichnung dieser Post und damit die Bearbeitung der Angelegenheit entweder selbständig regelt oder eine Entscheidung der Geschäftsleitung einholt (Direktionssekretariat, Zentral-Abteilung).

Einer besonderen Überlegung bedürfen diejenigen Geschäftsvorgänge, deren Erledigung nicht durch eine Abteilung allein erfolgen kann, sondern die Mitwirkung einer anderen Abteilung oder gar mehrerer Abteilungen erforderlich machen. So kann in einem Großbetrieb der Montanindustrie die Bearbeitung bergrechtlicher Fragen entweder durch die Bergwerksabteilung oder eine juristische Abteilung erfolgen. In solchem Falle wird nichts anderes übrig bleiben, als im Geschäftsverteilungsplan eine generelle Entscheidung zu fällen, wobei gleichzeitig die bearbeitende Abteilung angewiesen wird, sich mit der an der Erledigung des Vorgangs interessierten Abteilung in Verbindung zu setzen und eine Aussprache herbeizuführen. Diese Aussprache zwischen den Abteilungen kann recht unterschiedliche Grade und Formen annehmen. Genügt es, daß die federführende Abteilung der beteiligten Abteilung nach Absendung des Vorgangs einen Durchschlag zusendet (Orientierung) oder muß sie ihr den Vorgang vor der Erledigung zur Stellungnahme vorlegen (Mitsprache)? Kann sich die federführende Abteilung über Einwendungen und Abänderungsvorschläge hinwegsetzen, braucht sie diese also nur zur Kenntnis zu nehmen oder hat die zu beteiligende Abteilung ein Vetorecht?

Alle diese Fragen schriftlich von vornherein in einem Geschäftsverteilungsplan zu fixieren ist unmöglich, weil sich nicht alle Vorgänge im täglichen Leben kodifizieren lassen. Es ist aber vorteilhaft, eine Festlegung soweit wie möglich vorzunehmen, um Schwierigkeiten und Unzuträglichkeiten bei der späteren Bearbeitung aus dem Wege zu räumen. Auch hier wird es vom guten Willen der Beteiligten und vom kameradschaftlichen Geist aller abhängen, ob der Geschäftsverteilungsplan und die Geschäftsanweisung funktionieren. Die Bedeutung eines sorgfältig aufgestellten und abgestimmten Geschäftsverteilungsplanes und einer guten Geschäftsanweisung im Arbeitsablauf eines Betriebes liegt vor allem darin, daß die Geschäftsleitung von der eigentlichen Sachbearbeitung der Geschäfte entlastet und sie somit für die wirklichen Leitungsaufgaben frei ist. Nur besonders wichtige oder vertrauliche Geschäfte sollten durch die Mitglieder der Geschäftsleitung selbst bearbeitet werden. Es gehört mit zur organischen Gestaltung jeder Geschäftsleitung, sie von reiner Routinearbeit zu befreien. Geschieht dies nicht, so besteht zunächst die Gefahr, daß die Leitung sich in der laufenden Bearbeitung von Einzelfällen verliert. Zum anderen tritt durch diese zusätzliche Arbeit zu den eigentlichen Leitungsaufgaben ein übermäßiger und vorzeitiger Verschleiß an den qualifizierten Leitungskräften ein und damit ein Raubbau gerade an jenen Kräften, die für die Durchführung der Betriebsaufgabe an verantwortlicher und entscheidender Stelle stehen.

c) Leitungsgehilfen

Neben den bisher erwähnten organisatorischen Hilfsmitteln der Leitung tritt — gerade bei Großbetrieben — in ganz besonderem Maße der Mensch als Organisationsmittel hervor. Die Leitung bedient sich des Menschen, um ihre Leitungsaufgaben zu erfüllen. Sein Tätigwerden ist vorwiegend auf die Anwendung des Prinzips der Arbeitsteilung zurückzuführen.

Infolge der besonderen Anforderungen an die Leitung großer Betriebe wird meistens in Großbetrieben die Planungsarbeit von allen anderen Arbeiten, insbesondere solchen der durchführenden und überwachenden Art getrennt. Diese Trennung wird durch vier Faktoren besonders gefördert. Erstens sind die menschlichen Fähigkeiten sehr unterschiedlich ausgeprägt, so daß selten die Anforderungen für alle Arbeitsarten in einer einzigen Person sich vereinigt finden. Zum zweiten drängt — schon rein zeitlich gesehen — der zur Routinearbeit werdende Wiederholungsvorgang zu einer Arbeitsteilung. Drittens erfordert die Fülle der Arbeit die Mitarbeit anderer Personen, und schließlich sind zur Bewältigung bestimmter Arbeitsvorgänge oft Spezialisten notwendig mit langjähriger und gründlicher Fachausbildung. Diese Gründe führen meistens dazu, daß sich die Leitung im engeren Sinne zur Leitung im weiteren Sinne durch Delegierung von Leitungsfunktionen und -aufgaben erweitert, oder daß durch die zentrale Leitung die Bildung dezentraler Leitungen erfolgt.

Die Geschäftsleitung größerer Betriebe bedient sich des Organisationsmittels „Mensch" in Form von Leitungsgehilfen. Als Leitungsgehilfen bezeichnen wir solche Personen, die ständig damit betraut sind, die Geschäftsleitung durch qualifizierte Arbeit zu beraten, zu unterstützen und zu entlasten. In der Praxis sind dies vor allem die Direktionsassistenten und die Leiter von Stabsdienststellen, es können aber auch einzelne Sachbearbeiter sein. Die Bezeichnung „Gehilfe" bringt zum Ausdruck, daß es sich nicht um solche Personen handeln kann, die selbst zur Geschäftsleitung im engeren oder weiteren Sinne gehören. Leitungsgehilfen üben grundsätzlich keine Funktionen der Geschäftsleitung aus, es sei denn in Ausnahmefällen und dann nur vorübergehend, wie z. B. in Vertretungen. Dagegen können sie zur Leitung im weitesten Sinne gehören. Von den für den Betrieb freiberuflich Tätigen unterscheiden sie sich dadurch, daß sich die Geschäftsleitung ihrer ständig bedient und sie Angestellte des Betriebes sind. Wir haben es bei den Leitungsgehilfen mit einer Personengruppe zu tun, an deren sachliche und vor allem menschliche Qualitäten sehr hohe Ansprüche gestellt werden.

Die Leitungsgehilfen haben fast immer Vertrauensstellungen oder Schlüsselpositionen inne und nehmen dadurch einen nicht geringen Einfluß auf die Führung der Geschäfte und somit auf das gesamte Geschäftsgebaren des Großbetriebes. Die Einstellung von Leitungsgehilfen ist das ideale Organisationsmittel, um vielbeschäftigte und überbeanspruchte Geschäftsleitungen zu entlasten, oder — noch besser — um eine Überlastung von vornherein zu vermeiden. Durch die Leitungsgehilfen gewinnt der Betrieb zusätzlich einen Führungsnachwuchs, der aus langjähriger eigener Erfahrung die Probleme des Betriebes kennt und in der Beseitigung von Reibungen aller Art laufend geschult ist.

Drittes Kapitel

Die Organisation der Betriebsverwaltung

1. Grundlagen der zentralen und dezentralen Betriebsverwaltung

a) Absolute und relative Zentralisation

Während für die Lösung der organisatorischen Probleme der Leitung sich im Laufe der Zeit bestimmte Organisationsformen und -prinzipien klar herausgeschält haben, ist dies bei der Behandlung organisatorischer Fragen der Betriebsverwaltung nicht in gleichem Maße der Fall. Hier ist für die wissenschaftliche Durchforschung noch ein weites Feld. Dies ergibt sich nicht zuletzt aus dem Komplexcharakter der Verwaltungsaufgaben, die durchaus Heterogenes beinhalten. Im allgemeinen unterscheidet man bei den organisatorischen Fragen der Betriebsverwaltung zwei Hauptprobleme: das der zentralen und dezentralen Verwaltung.

Den Gedanken der Zentralisation der Betriebsverwaltung hat wohl Nordsieck zum erstenmal wissenschaftlich begründet. Er unterscheidet zwischen dem Kreis der eigentlichen und unmittelbaren Zweckaufgaben des Betriebes und „dem Kreis der mittelbaren, nur dem Betrieb dienenden Verwaltungsaufgaben, die als sekundäre Aufgaben aus der Tatsache des Betriebes erwachsen"[7]. Diese Aufgaben, nämlich die Finanz-, Personal- und Sachverwaltung sind alle „ziel- und sinnverwandt". Die oberste Gliederung der Betriebsaufgaben muß daher in unmittelbare Zweckaufgaben und Verwaltungsaufgaben vorgenommen werden. Eine solche organisatorische Gliederung nennt man Verwaltungszentralisation.

Nun findet man allerdings fast nie, daß alle Verwaltungsaufgaben von einer zentralen Stelle des Betriebes verantwortlich geführt werden. Jede Zentralisierung findet ihre Grenzen dort, wo sie an sich Zusammengehörendes zerreißt. Deshalb wird die Verwaltung der Lager, insbesondere der Rohstoff-, innerbetrieblichen Zwischenlager und der Fertigwarenlager, grundsätzlich von jenen Stellen des Betriebes verantwortlich ausgeübt, die den größten inneren Konnex mit diesen Lagern aufweisen, weil sie sich zwecks Durchführung ihrer speziellen teilbetrieblichen Aufgabe ständig dieser Lager bedienen müssen. So unterstehen die Rohstofflager dem technischen Betriebsleiter oder dem

---

[7] F. *Nordsieck*, Die schaubildliche Erfassung und Untersuchung der Betriebsorganisation. C. E. Poeschel-Verlag, Stuttgart 1951, 4. Aufl., a. a. O. S. 15.

1. Grundlagen der zentralen und dezentralen Betriebsverwaltung

Einkauf. Die innerbetrieblichen Zwischenlager können ihre Ausgleichsfunktion zur Gewährleistung einer kontinuierlichen Fertigung nicht ausüben, würden sie nicht den technischen Fertigungsstellen selbst oder dem Technischen Leiter unmittelbar unterstellt werden. Auch das Fertigwarenlager gehört stets in den unmittelbaren Aufgaben- und Verantwortungsbereich des Vertriebs.

Eine *absolute Zentralisation*, d. h. eine Zusammenfassung aller mit Verwaltungsfunktionen beauftragten Stellen des Betriebes, findet man daher nur sehr selten. Man muß daher bereits dann von *zentraler Verwaltungsorganisation* sprechen, wenn

a) für die Funktionen des Personal- und Sozialwesens, des betrieblichen Sicherheits- und Übermittlungswesens (Allgemeine Verwaltung) und wenigstens für Teile der Sachverwaltung eigene Stellen im Betrieb errichtet werden und

b) diese Stellen organisatorisch so gegliedert sind, daß sie in einer Zentralinstanz ihre organisatorische Spitze finden und diese Stelle der Leitung unmittelbar für die Lösung der Verwaltungsaufgaben verantwortlich ist.

An Stelle des schwer durchzuführenden Prinzips der absoluten Ausgliederung der Verwaltungsaufgaben muß das *Prinzip der größtmöglichen Zusammenfassung aller Verwaltungsfunktionen unter eine Verwaltungsspitze* treten. Wir bezeichnen dies als *relative Zentralisation*. Beauftragt man dagegen, so weitgehend wie möglich, auch Dienststellen der Grundfunktionen mit der Durchführung von Verwaltungsfunktionen und gibt es organisatorisch keine besondere Verwaltungsspitze, so sprechen wir von *dezentraler Verwaltungsorganisation*.

Neben der bereits erwähnten Sachverwaltung nimmt noch das Rechnungswesen eine Sonderstellung ein. Es ist fast immer dem Kaufmännischen Leiter unterstellt, jedoch kann Kalkulation und Betriebsabrechnung auch ausgesondert und dem Technischen Leiter unterstellt werden. Wir wollen auch dann noch von zentraler Verwaltungsorganisation sprechen, wenn das Rechnungswesen organisatorisch auf zwei Grundfunktionen aufgeteilt ist, für die restlichen Verwaltungsaufgaben aber die obigen Bedingungen gegeben sind. Es sollen also weder die Sachverwaltung noch das Rechnungswesen als Prüfstein dafür gelten, welches von beiden Verwaltungssystemen vorliegt.

b) Abteilungsbildungsprinzipien

Bei einer Untersuchung beider Systeme sind stets zwei Merkmale, ein funktionales und ein organisatorisches, zu beachten. Das erste berührt die Frage der zweckmäßigsten Abteilungsbildung, das zweite die der Instanzenhöhe. Beim sogenannten „natürlichen Abteilungsbildungsprinzip" [8] wird der Betrieb zunächst nach den vorherrschenden

---

[8] W. *Schramm*, a. a. O., S. 43.

Grundfunktionen gegliedert. Jedem so gebildeten Abteilungsbereich werden dann zur Ergänzung die mit den jeweiligen Grundfunktionen zusammenhängenden Verwaltungsfunktionen zugewiesen. Beispiel: Eingliederung eines Lohnbüros für technische Angestellte in den Produktionsbereich. Der Abteilungsbereich erledigt somit alle oder praktisch doch sehr viele Arbeiten, die in ihm unmittelbar anfallen. Einen grundsätzlich anderen Weg beschreitet man bei dem „Zentralabteilungsprinzip" [8]. Hier wird jeweils eine Funktion für den Gesamtbetrieb der Arbeitsinhalt einer besonderen Abteilung. Beispiel: Bildung einer Personalabteilung für alle Beschäftigten im Betrieb.

Unabhängig davon, welches Abteilungsbildungsprinzip man für die Erledigung der Verwaltungsaufgaben wählt, stets ist das organisatorische Problem der richtigen Instanzenhöhe zu lösen, weil im Großbetrieb fast immer einige Verwaltungsstellen nach dem Zentralabteilungsprinzip aufgebaut werden. Dieses Problem ergibt sich aus der Frage, ob es zweckmäßiger ist, möglichst viel Instanzen „nacheinander" oder „nebeneinander" zu ordnen, oder mit anderen Worten: die Stellen „breit" oder „tief" zu gliedern. Bei einer größtmöglichen Nebeneinanderschaltung von Verwaltungsorganen hat die Geschäftsleitung alle Fragen außerhalb des Normalarbeitsanfalles der Instanz selbst zu entscheiden, da es an Zwischeninstanzen mit Entscheidungsbefugnissen fehlt (Abb. 6). Jeder Weg von Instanz zu Instanz spielt sich dann weitgehend über die Geschäftsleitung selbst ab. Deshalb werden bei Nebeneinanderschaltung die Entscheidungs- und Anordnungsfunktionen der Geschäftsleitung in erheblichem Maße für die betriebliche Verwaltungsarbeit beansprucht. Dadurch kann die Ausgleichs- und Planungsfunktion für den Gesamtbetrieb zeitlich zu kurz kommen. Bei einer größtmöglichen Nacheinanderschaltung von Verwaltungsstellen (Abb. 7) wird zwar die Geschäftsleitung entlastet, dafür besteht durch die Bildung von Zwischen- oder Mittelinstanzen die Gefahr eines „Verwaltungsapparates", einer „Verwaltungsbürokratie". Aufgabe der Geschäftsleitung ist es, die gegensätzlichen Strömungen optimal zu verbinden, wobei die Belange der Leitung (Entlastung) besonders zu berücksichtigen sind.

Ob eine zentrale oder dezentrale Organisation der Betriebsverwaltung vorliegt, wird maßgeblich davon beeinflußt, wie diese Prinzipien in einem Betrieb bei der Bildung von Verwaltungsabteilungen und bei der Gliederung ihrer Instanzen angewendet werden bzw. welche Tendenzen hierbei vorherrschen. Die Aufstellung (S. 63) gibt eine Übersicht über die soeben beschriebenen Prinzipien und Merkmale. Was wir hier unter zentraler oder dezentraler Verwaltungsorganisation verstehen, kann vielleicht noch durch einige graphische Darstellungen ver-

1. Grundlagen der zentralen und dezentralen Betriebsverwaltung 61

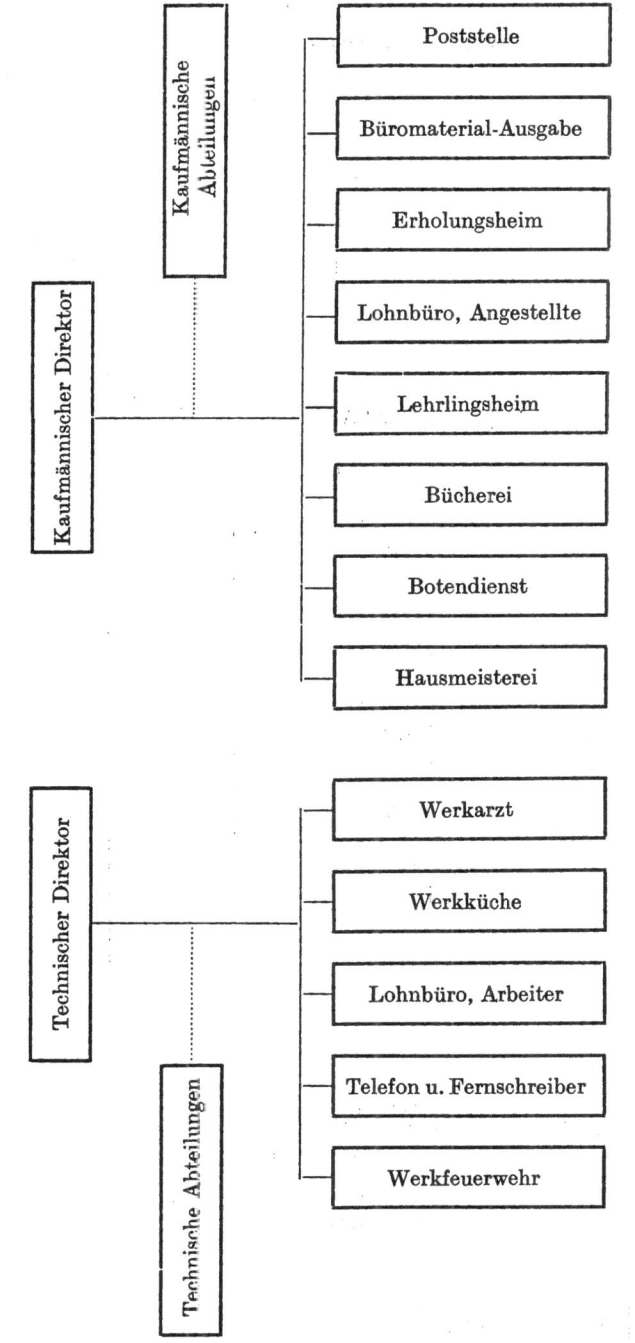

Abb. 6. *Beispiel für eine Nebeneinander-Schaltung von Verwaltungsstellen*
(Breite Gliederung ohne Zwischeninstanzen)

Bemerkung: Durch das Fehlen von Zwischeninstanzen werden die leitenden Direktoren (Geschäftsführer) überlastet. Die Anzahl der direkt unterstellten Personen bzw. Dienststellen überschreitet bei weitem das Optimum, das auf dieser Ebene bei etwa fünf Stellen liegt. Typische Gliederung für das „An-sich-reißen" von Verwaltungsfunktionen seitens der Mitglieder der Geschäftsleitung. Vergleiche hierzu Abb. 7.

Abb. 7. Beispiel für eine Nacheinander-Schaltung von Verwaltungsstellen
(Tiefe Gliederung mit Zwischeninstanzen)

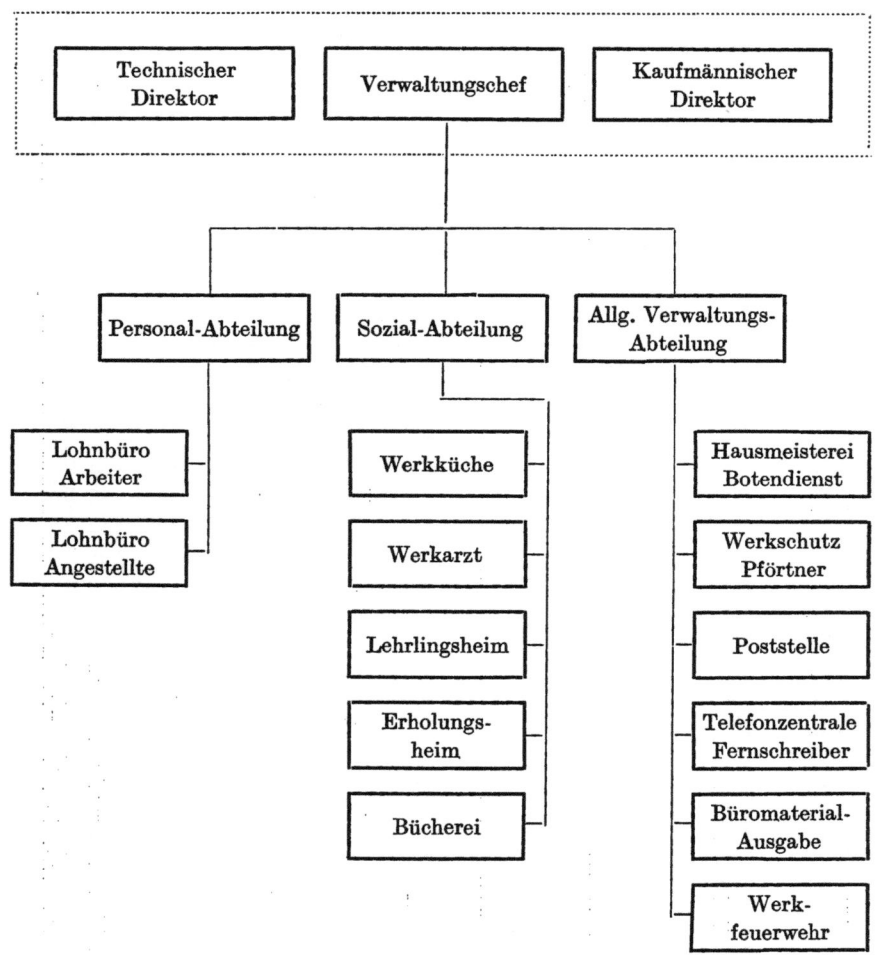

Bemerkung: Durch die organische Gliederung der Verwaltungsstellen, ihre Zusammenfassung zu Abteilungen und die Einsetzung eines Verwaltungschefs, der Mitglied der Geschäftsleitung ist, werden Kaufmännischer und Technischer Direktor von Verwaltungsaufgaben entlastet. Beide können sich ganz ihren wichtigen Aufgaben in Markt und Betrieb widmen. Typische Gliederung für das Bestreben, Verwaltungsfunktionen organisatorisch zusammenzufassen.
Vergleiche hierzu Abb. 6.

Erklärung: Geschäftsleitung

deutlicht werden (Abbildungen 8 bis 11). Daneben gibt es unzählige Mischformen beider Systeme. Es ist unmöglich, alle in der Praxis vorkommenden oder theoretisch möglichen Formen der Betriebsverwaltung — besonders eines Großbetriebes — darzustellen. Es ist dies auch nicht notwendig. Indem wir die jeweils wichtigsten Sachgebiete der Betriebsverwaltung in der zentralen und dezentralen Verwaltungsorganisation behandeln, werden die Grundlagen und die Bedeutung der beiden Organisationsformen eingehend herausgestellt, und es wird eine genügend große Übersicht über das organisatorische Problem der Betriebsverwaltung geboten.

Merkmale für das Bestehen einer zentralen oder dezentralen Betriebsverwaltungsorganisation

Art des Merkmales	zentral	dezentral
funktional (nach dem Abteilungsbildungsprinzip)	Schaffung von Organen, die die Verwaltungsfunktionen ausüben. Zentralabteilungsprinzip	Miterledigung von Verwaltungsfunktionen durch Fertigungs- oder kaufmännische Abteilungen. Natürliches Abteilungsbildungsprinzip
organisatorisch (nach der Instanzenhöhe)	Prinzip der größtmöglichen Zusammenfassung der Verwaltungsorgane und deren Unterstellung unter eine besondere Verwaltungsspitze. Prinzip der Nacheinanderschaltung von Verwaltungsorganen	Beim Bestehen einzelner Organe mit Verwaltungsfunktionen werden diese dem technischen oder kaufmännischen Bereich unterstellt. Prinzip der Nebeneinanderschaltung von Verwaltungsorganen

2. Dezentrale Betriebsverwaltung

Die dezentrale Verwaltung (Abb. 8 und 9) ist in vielen Betrieben vorhanden. Sie ist die typische Form der Verwaltung für Klein- und Mittelbetriebe, in denen nicht allzuviel Verwaltungsarbeit und vor allem solche mehr routinemäßiger Art anfällt. Die Gründe, weswegen selbst Großbetriebe keine zentrale Verwaltung einrichten, sind mannigfaltig, lassen sich aber in einigen Hauptursachen sachlicher und personeller Art zusammenfassen:

Sachliche Gründe:

1. **Primat einer Grundfunktion (Hauptabteilung).**

   In Betrieben mit besonderem Schwerpunkt auf der Fertigung, in denen naturgemäß der Techniker die Vorhand hat, neigt man leicht dazu, die Verwaltungsarbeiten durch den Fertigungsbereich miterledigen zu lassen.

2. **Kostenersparnis.**

   Man glaubt vielfach, daß die dezentrale Verwaltungsform billiger sei, weil viele Stellen des Betriebes, die schon aus technischen oder kaufmännischen Gründen vorhanden sein müssen, die Verwaltungsaufgaben mit übernehmen können. Man vermeidet somit die Einstellung neuer Angestellter, die Bereitstellung neuer Räume und Bürohilfsmittel.

3. **Bereits bestehende Organisation.**

   Bei der Entwicklung vom Mittelbetrieb zum Großbetrieb ließ man die bisher bestehende, in Mittelbetrieben übliche dezentrale Verwaltungsorganisation bestehen. Man erweiterte die bereits vorhandenen Verwaltungsstellen personell, räumlich und sachlich entsprechend dem vermehrten Arbeitsanfall, beließ es aber bei der dezentralen Funktionsverteilung. Die Organisation der Betriebsverwaltung ist unelastisch, sie ist zu einem Datum geworden.

Personelle Gründe:

4. **Machtkämpfe innerhalb der Leitung.**

   Bei Geschäftsleitungen mit Kollegialverfassungen, in denen innere Machtkämpfe ausgefochten werden, will jedes Vorstandsmitglied möglichst viele Arbeitsgebiete in seinen Herrschaftsbereich bringen und ist nicht gewillt, Machtpositionen, die es bereits besitzt, aus der Hand zu geben.

5. **Neigung, alles selbst zu erledigen.**

   Bei Anwendung des Direktorialsystems in der Leitung besteht oft die Neigung, möglichst viel selbst zu entscheiden und nur so wenig Kompetenzen und Funktionen wie möglich an andere Personen zu delegieren.

6. **Fehlen von geeigneten Persönlichkeiten.**

   Das Fehlen wirklich geeigneter Personen für die Zusammenfassung und zentrale Bearbeitung aller oder der meisten Verwaltungsaufgaben.

7. Furcht vor Bürokratie.

Man glaubt, daß die dezentrale Verwaltung betriebsnäher arbeitet; man will keine besondere Verwaltungsorganisation mit eigener „Beamtenhierarchie".

Diese und manche anderen Gründe führen auch in Großbetrieben zu einer dezentralen Betriebsverwaltung. Oft werden sachliche, vor allem Kostengesichtspunkte, in den Vordergrund geschoben, obwohl rein personelle oder auch höchst menschliche Gründe die eigentlich bestimmenden sind.

Untersuchen wir nun, wie bei dezentral geführter Betriebsverwaltung die fünf Hauptgruppen der Betriebsverwaltung Personalwesen, Sozialwesen, Sachverwaltung, Rechnungswesen (einschließlich Finanzen) und Allgemeine Verwaltung organisatorisch gegliedert sind. Hierbei beschränken wir uns auf die jeweils wichtigsten Stellen und Sachgebiete der Hauptgruppen.

a) Personalwesen

Die Abteilungen des Personalwesens werden auch bei dezentraler Verwaltungsorganisation im allgemeinen nach dem Zentralabteilungsprinzip gebildet. Hierzu zwingt meist schon die Anzahl der im Betrieb Tätigen und die Erledigung umfangreicher Schreibarbeiten bei der Einstellung, bei der Zahlung von Entgelten (Lohn und Gehalt) und gegebenenfalls bei den Akkordberechnungen. Meistens werden in Großbetrieben zwei, zum Teil auch drei Lohnbüros gebildet. Stets ist eins für Lohn- und das andere für Gehaltsempfänger bestimmt. Letzteres ist oft noch in zwei Büros gespalten: je eines für technische und kaufmännische Angestellte. Beide arbeiten dann unabhängig voneinander. In einem solchen Fall ist also das reine Zentralabteilungsprinzip durchbrochen. Das Unterstellungsverhältnis der Büros ergibt sich zwangsläufig aus ihrem Arbeitsinhalt. Dem Technischen Direktor untersteht das Lohnbüro für Arbeiter, und beim Vorhandensein einer besonderen Abteilung für technische Angestellte wird ihm auch diese unterstellt. Sofern eine Stabsstelle für Rechtsfragen besteht, erledigt diese die Tarif- und Arbeitsrechtsfragen mit oder übt wenigstens eine Art Oberaufsicht darüber aus. Bei vielen Großbetrieben werden diese Fragen aber auch von den Leitern der Lohnbüros selbst erledigt.

Umschulungen und Anlernen obliegt den Stellen, bei denen die Notwendigkeit hierzu auftritt. Für die handwerkliche Lehrlingsausbildung ist die Technische Leitung, für die kaufmännische Lehrlingsausbildung der Kaufmännische Direktor zuständig. Eine gemeinsame Ausbildung beider Lehrlingsgruppen findet vielfach nicht statt. Durch diese der dezentralen Betriebverwaltung eigentümliche Zersplitterung ist von einer bewußten Personalpolitik selten die Rede. Die Personalverwaltung hat vorwiegend den Charakter von Lohnzahlungsstellen.

b) Sozialwesen

Die zum Sozialwesen gehörenden Stellen: Werkarzt, Küchenbetriebe, Werkwohnungen, Erholungsheime, Pensionskassen usw. werden bei dezentraler Verwaltung organisatorisch stets aufgeteilt und denjenigen Bereichen unterstellt, die am meisten mit diesen Einrichtungen zu tun haben. So findet man den Küchenbetrieb bei zahlenmäßig geringer Kopfstärke von Angestellten vielfach dem Technischen Leiter zugeteilt, da dieser an einem einwandfreien Funktionieren des Kantinen- und Küchenbetriebes am stärksten interessiert sein wird. Oft unterstehen die Sozialeinrichtungen aber auch der Leitung unmittelbar. Auch der Gesichtspunkt, in welchem Ausmaß Arbeiten auf diesem Sektor anfallen, spielt eine Rolle. Bei einem Großbetrieb mit großzügiger Altersversorgung und erheblicher Anzahl von Beschäftigten kann das gesamte Pensionswesen eine so bedeutende Stellung einnehmen, daß es bei einer kollegialen Geschäftsleitung zum Arbeitsgebiet eines Vorstandsmitgliedes gehört. Jedoch wird in einem solchen Fall stets ein anderes Arbeitsgebiet oder auch andere Arbeitsgebiete noch in den Bereich dieses Vorstandsmitgliedes miteinbezogen.

c) Sachverwaltung

Dieses Sachgebiet ist am meisten dezentralisiert. Die wichtigsten Rohstoff- und Rohmateriallager werden je nach dem Fertigungsablauf, der Größe der Lager und der Warenart entweder durch die Technische Leitung oder durch die Einkaufsabteilung verwaltet. Das gleiche gilt für die Hilfsstoffe (sogenannte Magazinmaterialien). Die notwendigen Büromaterialien werden vielfach abteilungsweise gekauft. Wo eine eigene Büromaterialienverwaltung besteht, wird sie oft der Hauptregistratur oder dem Einkauf zugeteilt.

Die in den Großbetrieben meist zahlreich vorhandenen Instandsetzungswerkstätten sind dem Produktionsbereich angegliedert und dem Technischen Leiter unterstellt. Beim Fuhrpark ergeben sich vielerlei Unterstellungs- und Gliederungsmöglichkeiten, je nach der Größe des Betriebes, dem Wirtschaftszweig sowie der Art seines Einkaufs, Vertriebs und der Betriebsversorgung. Auch die Standortfrage spielt eine Rolle. So kann es für den Einkauf, den Verkauf sowie für die Fertigung jeweils besondere Fahrzeuggruppen mit Lastkraft- oder Lieferwagen geben. Die Personenkraftwagen sind vielfach den Hauptbenutzern, seien diese Personen oder Abteilungen, fest zugeteilt.

2. Dezentrale Betriebsverwaltung

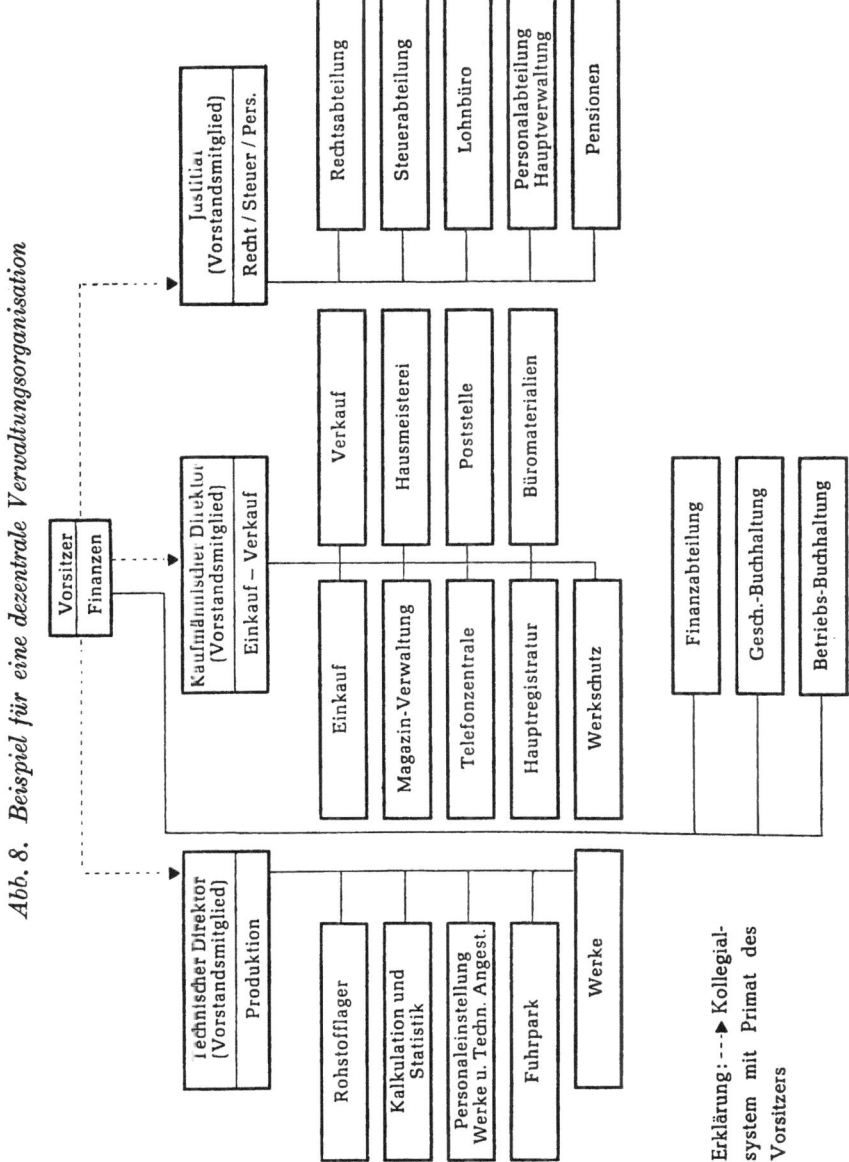

Abb. 8. Beispiel für eine dezentrale Verwaltungsorganisation

Erklärung: --▶ Kollegialsystem mit Primat des Vorsitzers

Abb. 9. Beispiel für eine dezentrale Verwaltungsorganisation

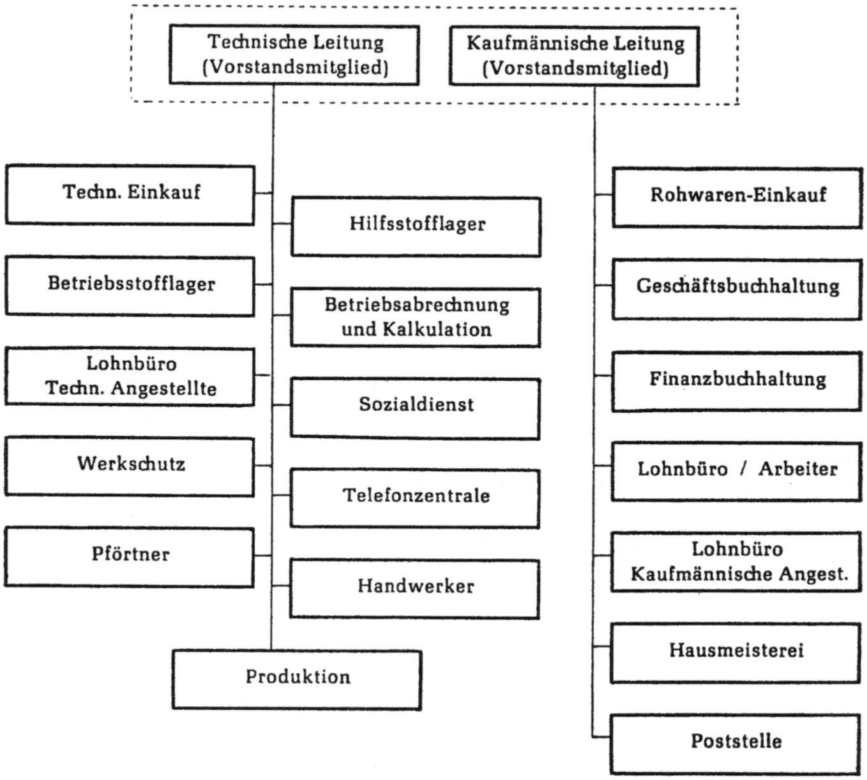

```
┌─────────────────────────────┬─────────────────────────────┐
│  Technische Leitung         │  Kaufmännische Leitung      │
│  (Vorstandsmitglied)        │  (Vorstandsmitglied)        │
└─────────────────────────────┴─────────────────────────────┘
```

- Techn. Einkauf
- Hilfsstofflager
- Rohwaren-Einkauf
- Betriebsstofflager
- Betriebsabrechnung und Kalkulation
- Geschäftsbuchhaltung
- Lohnbüro Techn. Angestellte
- Sozialdienst
- Finanzbuchhaltung
- Werkschutz
- Telefonzentrale
- Lohnbüro / Arbeiter
- Pförtner
- Handwerker
- Lohnbüro Kaufmännische Angest.
- Produktion
- Hausmeisterei
- Poststelle

Erklärung: Geschäftsleitung

d) Rechnungswesen

Das dezentralisierte Rechnungswesen ist in mindestens zwei, oft aber gar drei und vier Abteilungen aufgespalten. Die Geschäftsbuchhaltung und Finanzabteilung wird dem kaufmännischen Sektor, die Betriebsabrechnung und Kalkulation sowie die Statistik der Technischen Leitung zugewiesen. Die Gründe für diese typische Zweiteilung sind meistens folgende:

1. Die Kalkulation baut auf Mengen (Stückliste, Rezeptur) und Zeiten auf. Beides kann die Technische Leitung am besten feststellen.
2. Das statistische Material fällt zum größten Teil im Bereich der Technischen Leitung an.
3. Die Betriebsabrechnung setzt technische Kenntnisse über den Produktionsablauf oder die Herstellverfahren voraus.

e) Allgemeine Verwaltung

Das, was wir unter „Allgemeine Verwaltung" zusammengefaßt haben, wird bei dezentraler Verwaltung niemals organisatorisch zusammengefaßt, sondern man findet gerade bei diesem Komplex das Musterbeispiel einer größtmöglichen Nebeneinanderschaltung von Verwaltungsorganen. Es gibt eine Reihe von bedeutenden Großbetrieben, in denen der Pförtner, die Hausverwaltung, die Registratur, die Vervielfältigung, die Telefonzentrale, die Waschräume usw. tatsächlich unmittelbar der Geschäftsleitung des Großbetriebes unterstehen (Abb. 6).

f) Kritik der dezentralen Betriebsverwaltung

Ganz von selbst ergeben sich schon aus diesem kurzen organisatorischen Überblick über die dezentrale Betriebsverwaltungsorganisation zunächst die Vorteile, die mit dieser Art Betriebsverwaltung verbunden sind. Das Prinzip der natürlichen Abteilungsbildung, welches besonders beim Lagerwesen, der festen Zuteilung von Fahrzeugen zu den einzelnen Abteilungen und im selbständigen Einkauf von Büromaterialien zutage tritt, gewährleistet schnelle und betriebsnahe Entscheidungen. Grund- und Verwaltungsfunktionen liegen bereits bei der Instanz des Abteilungschefs in einer Hand. Im vergrößerten Maßstabe gilt dies für die Hauptbereiche des Großbetriebes. Die Technische und die Kaufmännische Leitung — um die zwei wichtigsten Bereiche herauszugreifen — haben bei dezentraler Verwaltung fast alle Verwaltungseinrichtungen, die sie zur Durchführung und Erleichterung ihrer teilbetrieblichen Aufgabe benötigen, „in eigener Regie". Ganz besonders gilt dies für den technischen Bereich, der, da er zahlenmäßig der größte ist und die wichtigste Grundfunktion darstellt, die meisten Verwaltungsorgane in seinem Bereich aufweist. Verstärkt wird dies noch dort, wo der technische Bereich durch ein Mitglied der Geschäftsleitung unmittelbar geführt wird. In diesem Fall ist die organisatorische Lösung der Unterstellung der Verwaltungsorgane unmittelbar unter den Technischen Leiter gleichbedeutend mit einer Unterstellung unter die Geschäftsleitung.

Die unmittelbare Unterstellung von Verwaltungsorganen unter die Geschäftsleitung hat fernerhin zweifellos den Vorteil, daß man für die Besetzung dieser Stellen keine hochqualifizierten Sachbearbeiter oder Abteilungschefs benötigt. Die bei dezentraler Verwaltung tätigen Leiter der Verwaltungsdienststellen erledigen vor allem die rein verwaltungsmäßige Routinearbeit. Alle Entscheidungen und die Bearbeitungen in besonderen Fällen obliegen der Geschäftsleitung selbst. In Großbetrieben wird sie dabei vielfach unterstützt von den Stabsdienststellen, von Leitungsgehilfen oder freiberuflichen Persönlichkeiten. Die Besetzung der Verwaltungsstellen mit Personal, welches durchschnittlichen Anforderungen genügt, und der Verzicht auf Spezialisten führt vielfach zu einer Senkung der Kosten für das Verwaltungspersonal.

Das Prinzip der natürlichen Abteilungsbildung und die Eingliederung von eigenen Verwaltungsabteilungen in diejenigen Bereiche, in die sie dem Arbeitsanfall oder der Bedeutung nach hingehören, verbürgt zugleich, organisatorisch gesehen, eine gewisse Elastizität innerhalb dieser Bereiche und ermöglicht eine individuelle Behandlung vieler Betriebsvorgänge. Dies kann gerade bei Personalfragen von großer Bedeutung sein. Die Auslastung des in den Bereichen vorhandenen Gesamtpersonals ist meistens besser gewährleistet, als wenn die Verwaltungsabteilungen ein Leben für sich, abseits der Grundfunktionen oder deren Leiter, führen. Dieser Faktor ist für Saisonarbeiten und Stoßgeschäfte innerhalb des kaufmännischen und technischen Bereichs oft bedeutungsvoll.

Je mehr das natürliche Abteilungsprinzip in der Betriebsverwaltung sich durchsetzt, desto eher kann unter Umständen auch auf besondere Verwaltungsbauten, -räume, Büromaschinen usw. verzichtet werden. Vielfach tritt dadurch eine Kostenersparnis auf dem gesamten Verwaltungssektor ein, die gerade bei Großbetrieben mit ihren hohen fixen Kosten nicht unterschätzt werden darf. Die drei Stichworte:

1. betriebsnahe und individuelle Verwaltung,

2. teilbetriebliche Elastizität von Personal, Raum und Sachen,

3. geringe Kostenersparnisse

kennzeichnen die Vorteile der dezentralen Verwaltung.

Freilich weist jede dezentrale Bearbeitung von Verwaltungsfragen auch sichtliche Mängel auf. Sie zeigen sich einmal in einer größeren Belastung der Leiter der Grundfunktionen und der Geschäftsleitung. In beiden Fällen müssen sich Leitungsorgane mit Fragen beschäftigen, die ihrem eigentlichen Arbeitsgebiet ferner liegen und für die sie oft wenig Verständnis haben. Letzteres trifft häufig dann zu, wenn die Leiter der Grundfunktionen auf ihren Fachgebieten reine Spezialisten sind. Man kann es dahingestellt sein lassen, ob der Technische Leiter eines Betriebes wirklich von seiner Gesamteignung vierzig Prozent für „administrative Befähigung" aufweisen muß, wie Fayol dies angenommen hat [9]. Sicher ist, daß die Leiter des technischen oder des kaufmännischen Bereichs nicht immer mit dem Maß an Eignung für Verwaltungsarbeiten begabt sind, wie dies in der dezentralen Verwaltungsorganisation erforderlich ist. Durch die unmittelbare Unterstellung von Organen der Betriebsverwaltung werden aber nicht nur erhöhte Anforderungen an die Fähigkeiten der Leiter der Grundfunktionen und der Geschäftsleitung gestellt. Auch die Zeit der leitenden Persönlichkeiten wird vermehrt in Anspruch genommen, und zwar für Dinge, die ebensogut durch andere Personen erledigt werden könnten. Der Zeit- und Kräfteaufwand für die Dienstaufsicht von Verwaltungsorganen und für Entscheidungen und Anordnungen reiner Verwaltungsakte muß, da jede Zeit letzten Endes begrenzt ist, zu Lasten der wichtigeren Grundfunktionen und Leitungsaufgaben gehen. Der natürliche Instinkt und die Geschäftsinteressen der leitenden Persönlichkeiten sichern nun aber in den weitaus meisten Fällen bei knapper Zeit den wichtigeren Aufgaben den Vorrang vor den weniger wichtigen. Die Folge ist in vielen Fällen daher eine nichtgenügende Dienstaufsicht über die Verwaltungsorgane. Diese ist aber nicht zuletzt gerade deswegen besonders angebracht, weil die Leiter der Verwaltungsstellen bei dezentraler Betriebsverwaltung überwiegend subalterne Verwaltungsangestellte sind, deren Arbeit einer ständigen Beaufsichtigung bedarf.

Durch die Betonung des natürlichen Abteilungsbildungsprinzips wird zwar die einheitliche Leitung bei den unteren Instanzen oder innerhalb von Hauptabteilungen sichergestellt, aber die Gesamtleitung des Betriebes droht dabei zu kurz zu kommen. Im Blickfeld der einzelnen Verwaltungsorgane liegt vielfach in erster Linie das Interesse derjenigen Hauptabteilung, der sie unterstellt sind, und nicht die Belange des Gesamtbetriebes. Auch die einheitliche Bearbeitung an sich gleicher Verwaltungsaufgaben ist bei der dezentralen Verwaltungsorganisation nicht ohne weiteres gegeben („Mehrgleisigkeit" in der Bearbeitung). Aus Gründen der Wirtschaftlichkeit ist dies aber vielfach notwendig und bei der Personalverwaltung nicht zuletzt vom Gesichtspunkt des Betriebsfriedens aus ebenfalls dringend erwünscht. Es bedarf daher immer eines vermehrten Tätigwerdens der Geschäftsleitung (Koordinierung), um diesen organisatorischen Mangel zu beheben.

---

[9] H. *Fayol*, a. a. O., S. 11, Tafel 1.

72 Die Organisation der Betriebsverwaltung

Abb. 10. Beispiel für eine zentrale Verwaltungsorganisation

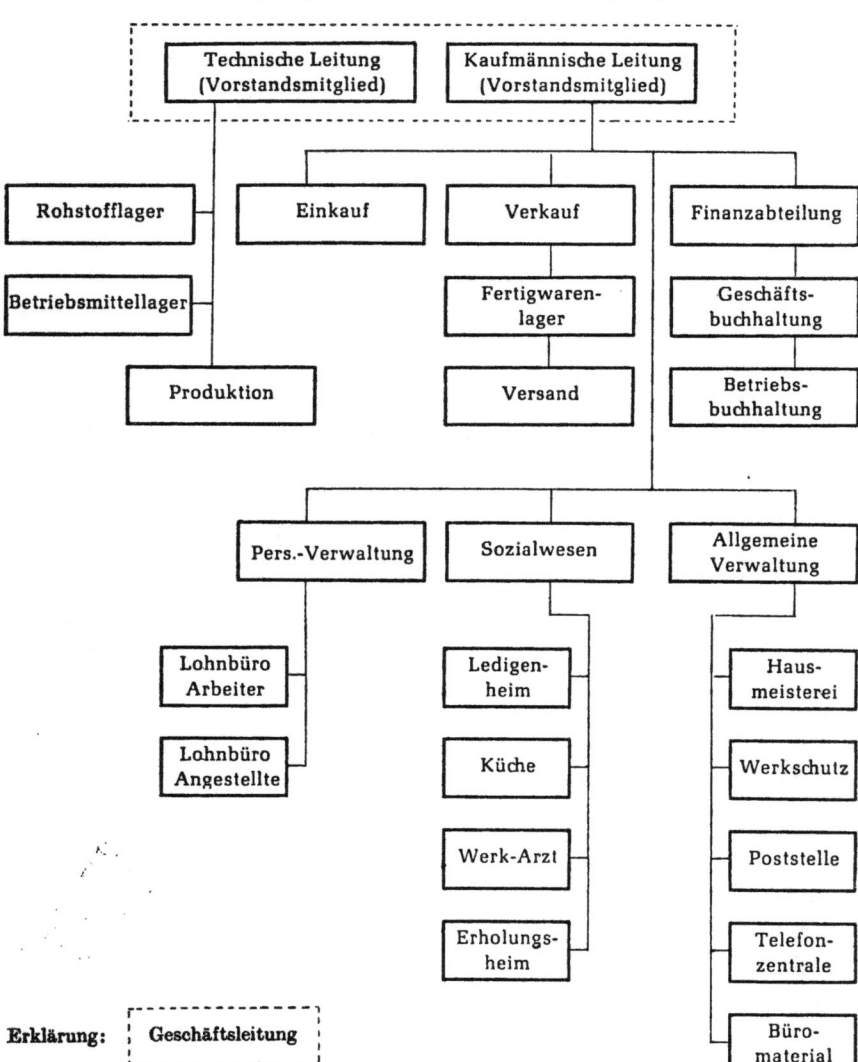

2. Dezentrale Betriebsverwaltung

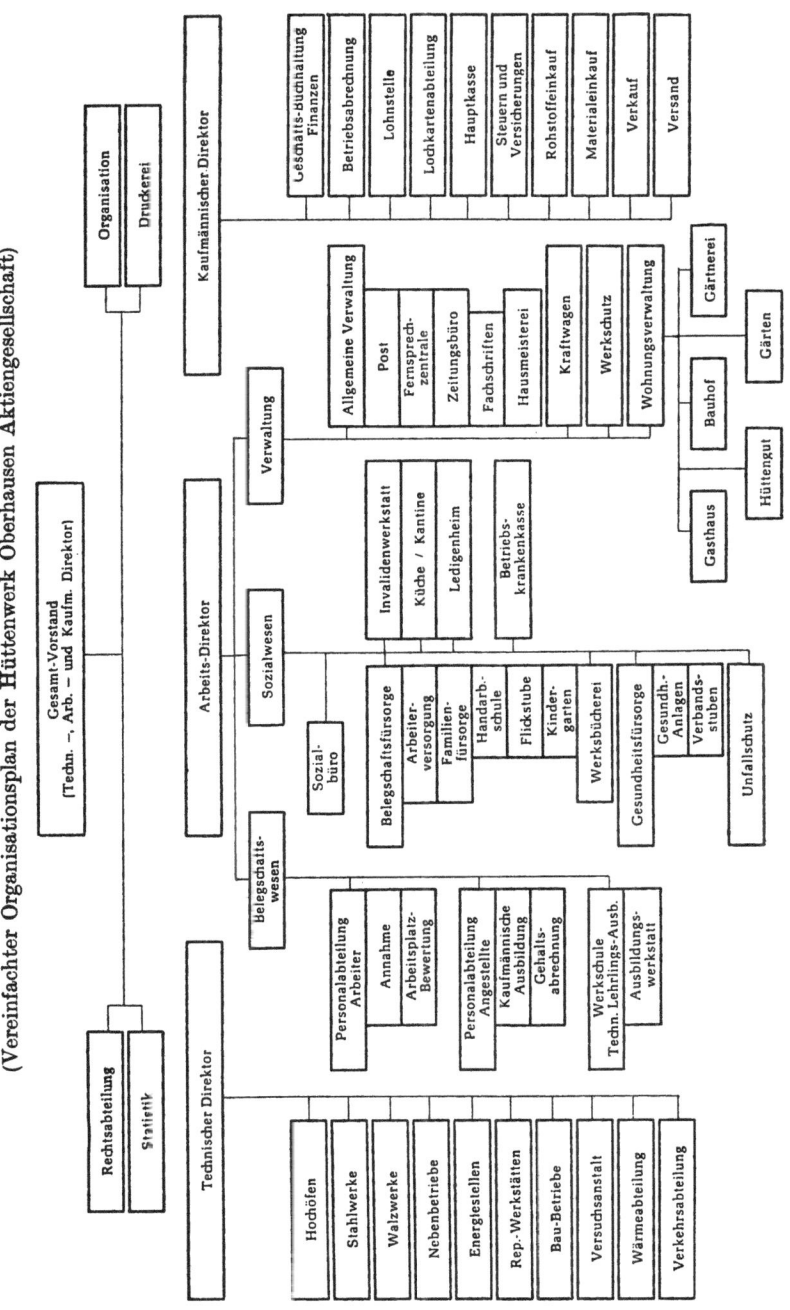

Abb. 11. *Beispiel für eine zentrale Verwaltungsorganisation*
(Vereinfachter Organisationsplan der Hüttenwerk Oberhausen Aktiengesellschaft)

Ein weiterer nicht zu unterschätzender Nachteil liegt darin, daß beim dezentralen Verwaltungssystem oft einer geistigen Einstellung zur gesamten Arbeit der Betriebsverwaltung Vorschub geleistet wird, die sich höchst nachteilig für den Betrieb auswirken kann. Denn die betriebliche Verwaltungsarbeit wird vielfach als unwichtig, als notwendiges Übel betrachtet und nicht als das angesehen, was sie sein muß: eine wertvolle Hilfe und unumgängliche Ergänzung für die Grundfunktionen und die Geschäftsleitung. Auch der Vorteil der Elastizität innerhalb mancher Abteilungen und Hauptabteilungen kann sich als trügerisch erweisen. Nur zu oft wird dann die Elastizität eines teilbetrieblichen Organs mit einem Verzicht auf die viel wichtigere gesamtbetriebliche Elastizität erkauft. Der Vorteil von Kostenersparnissen bei Teilen des Betriebes wird vielfach durch eine unwirtschaftliche Verwaltung des Gesamtbetriebes aufgehoben. Maximale Leistung von teilbetrieblichen Organen ist noch kein Garant für optimale Leistungen des gesamten Organismus. Auf letztere aber kommt es an. Der Mangel an Gesamtelastizität ist einer der größten Nachteile der dezentralen Verwaltungsorganisation. Insgesamt lassen sie sich mit wenigen Worten zusammenfassen in:

1. *größere Belastung der teilbetrieblichen Leitungen, insbesondere aber der Gesamtbetriebsleitung,*
2. *Verzicht auf die Einstellung von hochqualifizierten Kräften und Spezialisten in der Betriebsverwaltung,*
3. *Mangel an gesamtbetrieblicher Elastizität,*
4. *„Mehrgleisigkeit" bei der Bearbeitung an sich gleicher Vorgänge.*

3. Zentrale Betriebsverwaltung

Zur zentralen Verwaltungsorganisation (Abb. 10 und 11) kann es aus vielerlei Gründen kommen. Starke Generaldirektoren benutzen dieses System, um ihren Willen und Einfluß bis in die letzten Abteilungen sicherzustellen. Auch der Gedanke, alle Mittel der Betriebsverwaltung zentral zusammenzufassen und somit eine besonders gute Wirksamkeit des Büropersonals, der von der Verwaltung belegten Räume und der von ihr benötigten Hilfsmittel zu erzielen, führt vielfach zur Zentralisierung von Verwaltungsaufgaben. Oft glaubt man, durch diese straffe Zusammenfassung die Verwaltungskosten senken zu können. Der Wunsch, die Verwaltungsarbeit durch qualifizierte Verwaltungskräfte und vor allem durch Spezialisten erledigen zu lassen, führt zur Bildung großer, leistungsfähiger Verwaltungsabteilungen und damit in vielen Fällen zum zentralen System der Betriebsverwaltung überhaupt. Schließlich darf die Absicht, die Leiter der Grundfunktionen Produktion und Verkauf und ganz besonders die Geschäftsleitung selbst

3. Zentrale Betriebsverwaltung

durch die Einstellung qualifizierter Spezialkräfte von der eigentlichen Verwaltungsarbeit zu entlasten, nicht unerwähnt bleiben. Wie bei fast allen bisher behandelten organisatorischen Problemen führen auch hier persönliche und sachliche Motive zur Einführung und zum Bestehen einer zentralen Betriebsverwaltung.

Bei zentraler Verwaltungsorganisation hat sich der Gedanke des Zentralabteilungsprinzips fast überall durchgesetzt. Ausnahmen hiervon bestehen vor allem auf dem Gebiet des Lagerwesens und des innerbetrieblichen Verkehrs. Das Prinzip der Nebeneinanderschaltung von Verwaltungsorganen unter die Leiter der Hauptabteilungen oder die Geschäftsleitung selbst ist grundsätzlich dem Prinzip der größtmöglichen Nacheinanderschaltung von Verwaltungsdienststellen gewichen (Abb. 7). In der Frage der Unterstellung findet man häufig zwei grundverschiedene Lösungen. In vielen Betrieben ist der Kaufmännische Direktor die oberste Spitze aller Verwaltungsorgane. Das bedeutet, daß dieser neben den Funktionen Beschaffung und Vertrieb noch zusätzlich die Funktion Betriebsverwaltung auszuüben hat. Organisatorisch ist dies nur dann eine zweckvolle Lösung, wenn die beiden vorerwähnten Funktionen arbeitsmäßig nur soviel Zeit in Anspruch nehmen und die Bewältigung ihrer Arbeit nur soviel Anforderungen an den Kaufmännischen Leiter stellt, daß die Betriebsverwaltung durch ihn ordnungsgemäß durchgeführt werden kann. Bei Großbetrieben mit syndikalisiertem Absatz kann diese Lösung durchaus befriedigen. Die zweite Lösung stellt eine noch intensivere Bearbeitung der Aufgaben der Betriebsverwaltung dar. Sie ist dann gegeben, wenn die gesamte Betriebsverwaltung ausschließlich einer einzigen Person, dem Verwaltungschef, unterstellt wird, der der Geschäftsleitung unmittelbar verantwortlich ist oder selbst Mitglied der Geschäftsleitung ist. Vielfach findet man den Leiter des Rechnungswesens oder auch den Personalchef mit der Leitung der Betriebsverwaltung betraut. Ein hervorstechendes Merkmal für zentrale Betriebsverwaltung ist der Einsatz von hochqualifiziertem Personal in der Spitze der Betriebsverwaltung, das nach allgemeinen Richtlinien der Geschäftsleitung die Verwaltungsfunktionen ausübt und weitgehend selbständige Entscheidungen innerhalb seines Arbeitsgebietes trifft. Besonders deutlich tritt uns die Form der zentralen Betriebsverwaltung im Personalwesen und in der Allgemeinen Verwaltung vor Augen.

a) Personalwesen

Zwar finden wir bei zentraler Betriebsverwaltung meistens noch getrennte Lohnbüros für Angestellte und Arbeiter, aber beide haben eine gemeinsame Spitze im Personalchef. Neben den reinen Lohnfragen treten die personellen Probleme und zwischenmenschlichen Beziehungen

(Human Relations) in den Vordergrund, wodurch sich die reinen Lohnbüros zu echten Personalabteilungen entwickeln. Die Frage der Arbeitsbewertung und der Lohngestaltung fällt dann mit in das Gebiet des Personalchefs, der gleichzeitig auch die Ausbildungsfragen und das Schlichtungswesen bearbeitet. Der Mensch, seine Weiterbildung, seine Arbeitskraft und deren Bewertung sind die hauptsächlichsten Fragen mit denen sich der Personalchef des Großbetriebes beschäftigt.

b) Sozialwesen

Zur Erhaltung der menschlichen Arbeitskraft dient vor allem das Sozialwesen im Betrieb. Das Gesundheitswesen, der Unfallschutz und oft auch eine betriebseigene Kranken- oder Unterstützungskasse sowie allgemeine Fürsorgefragen werden zentral von einer einzigen Stelle bearbeitet. Hierzu gehören auch die Werkkantinen und der oft übliche Verkauf von Erzeugnissen des Betriebes an die Belegschaft zu verbilligten Preisen in Betrieben der Konsumgütersphäre. Wieviel von diesen Arbeitsgebieten in jeweils besonderen Verwaltungsstellen bearbeitet werden muß, hängt u. a. von der Zahl der Beschäftigten und dem Umfang der sozialen Betreuung ab. Grundsätzlich ist aber festzuhalten, daß die Sozialfragen zentral und einheitlich für den gesamten Betrieb bearbeitet werden. Dem Gebiet des Sozialwesens steht vielfach ein besonders ausgebildeter Abteilungschef hauptamtlich vor, der nach allgemeinen Weisungen der Geschäftsleitung oder des Verwaltungschefs arbeitet.

c) Sachverwaltung

Auf diesem Sachgebiet dringt das Prinzip der zentralen Zusammenfassung und Bearbeitung gleicher Funktionen am wenigsten durch. Die Gründe hierfür liegen vorwiegend darin, daß die Objekte der Sachverwaltung zum Teil organisch so eng zu den Abteilungen der Grundfunktionen gehören, daß eine zentrale Bearbeitung und Dienstaufsicht von seiten der Verwaltungsorgane die Kontinuität des Betriebsablaufs stören und somit zu Unwirtschaftlichkeit führen würde. Es würden Kompetenzstreitigkeiten entstehen, die es im Interesse des reibungslosen Arbeitsablaufs der Fertigung zu verhindern gilt. Das organisatorische Mittel hierzu ist die Befolgung des natürlichen Abteilungsbildungsprinzips auf dem Gebiet des Lagerwesens und die Unterstellung der mit den Verwaltungsarbeiten betrauten Organe unter die Leiter der Grundfunktionen. Das Lagerwesen ist somit auch bei zentraler Betriebsverwaltung vorwiegend nach dem natürlichen Abteilungsbildungsprinzip gegliedert. Auf diesem Gebiet bestehen im Vergleich zum dezentralen Verwaltungssystem meist wenig oder nur graduelle Unterschiede. Das Lager für Vordrucke und Büromaterialien bildet jedoch in den meisten Fällen eine besondere Stelle, welche der Allgemeinen Verwaltungsabteilung zugeteilt wird.

Das innerbetriebliche Verkehrs- und Transportwesen verbleibt ebenfalls der Hauptabteilung Produktion oder ihren Untergliederungen. Sofern der Fuhrpark hauptsächlich für die Zwecke des Einkaufs und Verkaufs benötigt wird, bleibt er dem Kaufmännischen Leiter zugeteilt. Dagegen werden die Personenwagen und die Fahrzeuge der Verwaltung zusammengefaßt und unterliegen einer Dienstaufsicht der Betriebsverwaltung, meistens des Verwaltungschefs selbst oder eines von ihm unmittelbar Beauftragten.

Bestehen neben den obengenannten Sozialeinrichtungen noch weitere soziale Anlagen und Einrichtungen in Gestalt von Erholungsheimen, Siedlungen, Werkswohnungen usw., so erfolgt die Verwaltung dieser oft sehr erheblichen Werte ebenfalls durch Organe der zentral geleiteten Betriebsverwaltung. Hierzu kann die Bildung einer eigenen Abteilung, die sowohl mit dem Leiter des Sozialwesens als auch mit dem der Finanzabteilung zusammenarbeitet, notwendig sein.

Die Instandsetzungswerkstätten unterstehen fachlich dem Technischen Leiter. Oft wird aber eine personelle Dienstaufsicht durch den Verwaltungschef ausgeübt. Sofern sich diese lediglich auf die personelle Seite beschränkt, können Reibungen und Kompetenzkonflikte mit dem Technischen Leiter vermieden werden.

d) Rechnungswesen

Das Rechnungswesen ist straff zusammengefaßt und wird von einem Abteilungschef geleitet. Innerhalb der Abteilung sind je nach der Erzeugung und dem Vertriebssystem meist drei Unterabteilungen vorhanden: die Finanzabteilung, die Geschäftsbuchhaltung und die Betriebsabrechnung mit der Kalkulation und der Statistik.

e) Allgemeine Verwaltung

Am deutlichsten zeigt sich der Unterschied zwischen zentraler und dezentraler Verwaltungsorganisation bei jenen Organen der Betriebsverwaltung, die wir zu dem Sammelbegriff „Allgemeine Verwaltung" zusammengefaßt haben. Die vielen kleinen und kleinsten Organe der betrieblichen Verwaltung, die gerade in Großbetrieben vorhanden sind und von denen jedes teilbetriebliche Organ eine besondere Aufgabe zu erfüllen hat, werden beim zentralen System der Betriebsverwaltung einer besonderen Verwaltungsstelle, der „Allgemeinen Verwaltungsabteilung" oder dem Verwaltungschef unterstellt. Die Dienstanweisung und -aufsicht erfolgt bei diesen Dienststellen durch eine Zentralstelle im Betrieb, die ihrerseits der Leitung gegenüber verantwortlich ist. Im zentralen Verwaltungssystem ist für die unmittelbare Unterstellung dieser Verwaltungsorgane unter die Geschäftsleitung kein Raum. Organisatorisch bleibt freilich auch hier oft noch ein Rest von Nebeneinanderschaltung bestehen, aber man versucht, soweit wie irgend möglich, die verschiedenen Verwaltungsstellen nacheinander zu schalten. So können z. B. Pförtner und Werkschutz zusammengefaßt und diese beiden, ebenso wie die gesamten Nachrichtenverbindungen, in einer besonderen Abteilung „Hausverwaltung" aufgehen. Ob das immer möglich ist, läßt sich generell nicht beantworten, weil die Voraussetzungen in jedem Betrieb andere sind. Entscheidend ist, daß beim Vorherrschen des Gedankens der zentralen Betriebsverwaltung immer wieder versucht wird, die nach dem Zentralabteilungsprinzip gebildeten, oft nur sehr wenig Personal umfassenden Verwaltungsdienststellen organisatorisch so zu gliedern, daß das Prinzip der Nacheinanderschaltung den Vorrang gegenüber dem der Nebeneinanderschaltung hat.

f) Kritik der zentralen Betriebsverwaltung

Der zentralen Verwaltungsorganisation wohnt eine Reihe von bedeutenden Vorteilen inne, von denen die Entlastung der Leiter der Grundfunktionen und der Geschäftsleitung von reiner Verwaltungsarbeit, die nur zu oft ausgesprochene Kleinarbeit ist, mit an erster Stelle steht. Beim zentralen Verwaltungssystem werden die Leiter der Grundfunktionen und die Geschäftsleitung frei für ihre eigentlichen Aufgaben.
Die Zentralisierung, die durch das Zentralabteilungsprinzip und das Prinzip der Nacheinanderschaltung der Verwaltungsorgane gekennzeichnet ist, bedingt und ermöglicht den Einsatz qualifizierter Fachkräfte in der Verwaltung. Hierdurch wird nicht nur bessere Arbeit geleistet, sondern es können auch fast alle Entscheidungen auf dem Verwaltungsgebiet durch die Verwaltungsspitze selbst getroffen werden. Die Geschäftsleitung kann sich damit begnügen, allgemeine Rahmenanordnungen für die Betriebsverwaltung zu geben. Da das Zentralabteilungsprinzip vorherrscht, sind für gleiche Aufgaben und Vorgänge stets dieselben Personen oder Abteilungen tätig; somit erfolgt eine einheitliche Behandlung der Verwaltungsarbeiten („Eingleisigkeit" in der Bearbeitung). Das Zentralabteilungsprinzip ist daher ein wichtiges organisatorisches Mittel zur Durchsetzung des Prinzips der Gleichheit aller im Betrieb Tätigen. Wenn aber alle Vorgänge nach einheitlichen Gesichtspunkten bearbeitet werden, dann ist damit auch eine unerläßliche Voraussetzung für eine gerechte Behandlung, z. B. von Personalfragen, gegeben.
Das Bestreben, alle im Betrieb anfallenden, gleichartigen Verwaltungsarbeiten in einer einzigen Abteilung zu erledigen und damit leistungsfähige Verwaltungsorgane zu bilden, führt oft zum Einsatz

3. Zentrale Betriebsverwaltung

von leistungssteigernden Büromaschinen. Beispiele hierfür sind der Einsatz von Buchungs- und Frankiermaschinen sowie die Verwendung von Lochkarten. Eine Zentralisation der Verwaltungsarbeit ermöglicht sehr viel eher als eine dezentrale die Durchführung einer rationellen Büroorganisation, die effektiv mehr leistet und somit auch die Verwaltungskosten senkt.

Die Bildung einer geschlossenen Betriebsverwaltung unter der verantwortlichen Leitung eines Verwaltungschefs verleiht der gesamten betrieblichen Verwaltung eine größere Elastizität, als dies beim dezentralen Verwaltungssystem möglich ist. Die Vorteile der zentralen Verwaltungsorganisation heißen also:

1. Entlastung der teilbetrieblichen Leitungen und der Geschäftsleitung,
2. Einsatz qualifizierter Fachkräfte und Spezialisten,
3. Elastizitätsvergrößerung,
4. „Eingleisigkeit" bei der Behandlung gleicher Vorgänge.

Die Nachteile dagegen liegen vor allem in der Gefahr der Bürokratisierung, in einem langsamen und schwerfälligen Arbeiten. Die einzelnen Verwaltungsorgane neigen infolge ihrer Größe und einem gewissen Losgelöstsein von der betrieblichen Arbeit zu einem Eigenleben, welches dem Organismusgedanken des Betriebes diametral entgegengesetzt ist. Besonders gefährlich wirken sich Eigenleben und bürokratische Handhabung auf dem Gebiet des Personal- und Sozialwesens aus. Nichts vermerken die im Betrieb Tätigen nachhaltiger und unangenehmer, als wenn sie in einer Sphäre, wo sie als Menschen und damit individuell angesprochen werden wollen, nur als „Nummer" behandelt werden.

Auch mit den Vorwürfen, daß in einem zentralen Verwaltungssystem der Verwaltungschef dazu neigt, sich in die Angelegenheiten anderer Bereiche einzumischen, und daß die Gefahr besteht, daß dieser gleichrangig neben die Leiter der Grundfunktionen tritt, ja diese sogar überflügeln kann, muß man sich auseinandersetzen. Beide Vorwürfe berühren letzten Endes persönliche Qualitäten und Fähigkeiten, sind also menschliche Fragen und können nicht mit organisatorischen Mitteln und Maßnahmen allein beantwortet und gelöst werden. Die Gefahr der unerwünschten Einmischung in die Sphäre anderer Bereiche des Betriebes ist stets latent, weil die Verwaltungsarbeit immer den Gesamtbetriebskörper und das gesamte Betriebsleben berührt. Sie kann aber organisatorisch durch eine klare und schriftlich niedergelegte Kompetenzverteilung zwischen der Betriebsverwaltung und den übrigen Bereichen vermindert werden. Dem Überhandnehmen der Betriebsverwaltung und dem damit verbundenen wachsenden Einfluß des Leiters der Betriebsverwaltung auf das gesamte Betriebsleben kann organisatorisch sehr viel weniger begegnet werden. Es gibt Großbetriebe, die nur ein einziges Erzeugnis und dies ohne besondere technische Schwierigkeiten herstellen und deren Absatz durch Syndikate oder besondere Vertriebsgesellschaften erfolgt. Die Anzahl ihrer Beschäftigten und ihre speziellen Lagebedingungen erfordern aber eine besonders gute und reibungslos arbeitende Betriebsverwaltung. In solchen Großbetrieben wird der Verwaltungschef mit Recht einen ebenso großen Einfluß ausüben wie der Technische Leiter. Es ist eine nicht aufzuhaltende Entwicklung, daß mit der Aufnahme von Human Relations im Betrieb und einer stärkeren Betonung des bisher „vergessenen Faktors", nämlich des Menschen, diejenigen Stellen im Betrieb, die sich besonders seiner annehmen, einen immer größer werdenden Einfluß innerhalb des Gesamtbetriebes ausüben. Diese Stellen sind nun einmal die Abteilungen des Personal- und Sozialwesens in der Betriebsverwaltung.

Fassen wir die Nachteile der zentralen Verwaltungsorganisation kurz zusammen, so sind dies im besonderen Maße

1. *Neigung zu Schwerfälligkeit und Eigenleben,*
2. *Vergrößerung der Möglichkeit von Kompetenzstreitigkeiten.*

Wir haben nun die zentrale und dezentrale Betriebsverwaltungsorganisation und ihre Vor- und Nachteile für den Industriebetrieb offengelegt. Welches System stellt nun eine optimale Lösung der organisatorischen Probleme der Betriebsverwaltung dar? Bevor wir uns diesem Problem zuwenden, wollen wir uns mit den damit im Zusammenhang stehenden Fragen der Wirtschaftlichkeit beider Verwaltungssysteme für den Betrieb beschäftigen.

4. Wirtschaftlichkeit der Betriebsverwaltung

a) Meßbarkeit und Bewertung der Verwaltungsleistungen

Die Frage, ob das zentrale oder dezentrale System der Betriebsverwaltung für den Betrieb, insbesondere den Großbetrieb, das wirtschaftlichere ist, führt uns zum Problem der Wirtschaftlichkeit der Betriebsverwaltung überhaupt. Als absolute Maßgröße für jede Wirtschaftlichkeit kann man die Kosten-Erlösspanne ansehen, d. h. Wirtschaftlichkeit liegt dann vor, wenn die Erlöse größer sind als die Kosten. Erlöse sind hierbei also nicht nur das beim Verkauf der Erzeugnisse erzielte Entgelt, sondern jedes aus einem Kosteneinsatz hervorgehende bewertete Ergebnis im weitesten Sinne. Ein solches wirtschaftliches Handeln ist für den erwerbswirtschaftlichen Betrieb eine conditio sine qua non, die Forderung nach betriebswirtschaftlicher Rationalität muß sich daher auch auf die Verwaltungsorgane erstrecken. Während sich mit Hilfe von Leistungsmessungen oder wertmäßigen Vorgaben für den Bereich des Einkaufs, der Erzeugung und des Verkaufs ohne weiteres Kosten und Erlöse und somit auch Erfolge feststellen und nachweisen lassen, ist dies für den Bereich der Betriebsverwaltung im allgemeinen nicht möglich. Zwar können die Kosten der Verwaltung ermittelt werden, es fehlt aber bei der Ertragsseite an zwei wichtigen Faktoren: einmal an einem Markt, der den „Preis", d. h. das Entgelt der Verwaltungsleistungen bestimmt, und zum zweiten an der Möglichkeit, die Leistungen der Betriebsverwaltung exakt zu messen.

Auch die in der letzten Zeit sich häufenden Versuche, die Büroarbeit zu quantifizieren und somit meßbar zu machen, bringt keinen wesentlichen Beitrag zu dieser Frage. Fast immer spielen in der Verwaltungsarbeit neben Quantitätsfragen auch solche der Qualität eine Rolle. Man wird z. B. beim Personaleinsatz sehr vorsichtig urteilen müssen. Meistens sind wenige, aber gut bezahlte, hochqualifizierte Kräfte in der Verwaltung, obwohl sie deren Personalkostenanteil erhöhen, besser und damit für den Betrieb „billiger" als mehrere schlechtbezahlte und weniger qualifizierte Kräfte. Im übrigen gerät jede Beurteilung der Wirtschaftlichkeit einer Betriebsverwaltung und ihrer Organe, die sich nur oder vorwiegend auf die Kostenseite stützt, von vornherein in ein einseitiges Fahrwasser. Die Anhänger der pretialen Lenkung glauben, daß jede Abteilung an einem knappen Personaleinsatz selbst interessiert sei. Dem ist entgegenzuhalten, daß es nicht darauf ankommt, wenig Personal einzustellen und zu beschäftigen, sondern daß jeder Betrieb der gewerblichen Wirtschaft die immanente volkswirtschaftliche und soziologische Verpflichtung hat, möglichst vielen Menschen Arbeit zu geben und damit Einkommen zu verschaffen. Die Verpflichtung der Geschäftsleitung, die Leistungen der im Betrieb Tätigen laufend und unter Einsatz aller verfügbaren technischen, finanziellen und organisatorischen Mittel zu steigern und dadurch die Stückkosten zu senken, ist die ausgleichende Komponente dafür, daß der Betrieb nicht zur Wohlfahrtseinrichtung gestempelt wird und das Rational-Prinzip gewahrt bleibt. Mit diesem Grenzgebiet der Betriebswirtschaftslehre und ihren soziologischen Problemen haben sich in der letzten Zeit vor allem amerikanische Soziologen beschäftigt. Auch O. Bredt [10] spricht von einer „Kehrseite des Leistungs- und Wirtschaftlichkeitsdenkens" und weist an Hand seines Beispieles vom „Ein-Mann-Betrieb" auf die menschlich, sozial, politisch und kulturell weit größere Bedeutung des menschlichen Lebensaufwandes, der Aufwandsgestaltung, gegenüber einer „nützlichen Leistung" hin. Elton Mayo

---

[10] O. *Bredt,* Artikel „Rationalisierung und Volkswirtschaft", a. a. O., S. 22.

sieht im Betrieb eine Vereinigung von Männern und Frauen für einen praktischen Zweck und in diesem Sinne primär als eine gesellschaftliche und nicht so sehr wirtschaftliche Organisation.

Das für den Personaleinsatz Gesagte gilt sinngemäß für fast alle Teilgebiete der Verwaltung. Man denke an das Gebiet des Sozialwesens; für die Sachverwaltung und das Rechnungswesen liegen die Dinge ähnlich. Wenn man z. B. die Zahl der Buchungen, aufgestellten Statistiken usw. als Maßstab für die Berechnung einer Erlösseite vorgeschlagen hat, so ist dem entgegenzuhalten, daß die Zahl der Buchungen zwar einen groben Anhalt für eine Leistungsmessung abgeben kann, sie aber viel zu unbestimmt ist, um als Maßstab für eine Wirtschaftlichkeitsbeurteilung des Rechnungswesens oder Teile von ihm zu gelten. Im übrigen hängt die Zahl der Buchungen durchaus nicht von der Buchhaltung allein ab, sondern wird ihr mehr oder weniger durch den Verkauf aufoktroyiert. Wohin derartige Vorschläge führen können, mag folgendes Beispiel zeigen:

Wenn sich aus irgendeinem Grunde nach dem Verkauf der Erzeugnisse an diesen Fehler herausstellen, so ist anzunehmen, daß die Kundschaft reklamiert, d. h. die Ware nicht abnimmt oder Preisnachlässe fordert. In jedem Falle erhöht sich dadurch die Zahl der Buchungen und der sonstigen Arbeiten in der Buchhaltung. Wird die Zahl der Buchungen nun als Meßzahl genommen, so steigt bei dieser Art der Wirtschaftlichkeitsberechnung die Wirtschaftlichkeit des Rechnungswesens. Mithin ergibt sich der Fall, daß die Unwirtschaftlichkeit des Gesamtbetriebes die Wirtschaftlichkeit eines teilbetrieblichen Organs erhöht.

Im übrigen entziehen sich auch beim Rechnungswesen viele Arbeiten jeder Quantifizierung. Entscheidend für die Leistung des Rechnungswesens eines Betriebes ist nicht die Anzahl irgendwelcher mehr oder weniger künstlich meßbar gemachter Arbeitsvorgänge, sondern ob es in der Lage ist, schnell und sicher allen Anforderungen der Geschäftsleitung zu genügen. Der Wert des Rechnungswesens wird nicht durch Meßzahlen, sondern durch seine Wirksamkeit bestimmt. Bei einigen Verwaltungsstellen ist es jedoch möglich, neben der Kostenseite auch die Erlösseite relativ genau zu bestimmen und somit wenigstens auf Teilgebieten der Betriebsverwaltung die Wirtschaftlichkeit annähernd genau zu überwachen.

b) Wirtschaftlichkeitsberechnungen

Eine Möglichkeit, sich für die Wirtschaftlichkeit einer Betriebsverwaltung einen Maßstab zu schaffen, ist die Budgetierung der Verwaltungskosten. Zwar wird hierbei auf eine Erlösseite verzichtet und Kosten (Ist) mit Kosten (Plan) verglichen, aber sie ist — richtig angewandt — ein gutes Hilfsmittel, um die Verwaltungskosten eines Betriebes systematisch zu analysieren. Man verzichtet darauf, für die

4. Wirtschaftlichkeit der Betriebsverwaltung

Betriebsverwaltung Einzelwirtschaftlichkeitsberechnungen aufzustellen und begnügt sich damit, die Verwaltungskosten in einer Gesamtsumme oder auch kostenstellenweise einer kritischen Würdigung zu unterziehen. Ein gutes Beispiel für letzteres Verfahren ist der Fuhrpark.

Im Fuhrpark eines Betriebes werden aus Fahrlässigkeit einige Autoreifen über den Normalverbrauch hinaus verschlissen. Diese höheren Kosten werden dann auf Grund einer Totalumlage der Kostenstelle Fuhrpark über mehr oder weniger weitere Kostenstellen schließlich dem Erzeugnis zugerechnet.

Ein solches Verfahren vermag über die Wirtschaftlichkeit des Fuhrparks nichts auszusagen. Im Abrechnungsmonat erhalten nämlich infolge der Abwälzung der Gemeinkosten auf die Fertigungskostenstellen (Hauptbetriebe) alle Erzeugnisse, auf die der Fuhrpark ja letztlich umgelegt wird, einen höheren „Kostenwert" und bringen später bei der Gegenüberstellung mit dem Erlös einen niedrigeren Erfolg. In Wirklichkeit hat sich weder am „Wert" noch am „Erfolg" des Erzeugnisses etwas geändert. Im nächsten Monat, in dem kein zusätzlicher Verschleiß an Autoreifen erfolgt, gehen die Kosten entsprechend zurück. Der durch Fahrlässigkeit im Fuhrpark entstandene Mehrverbrauch wird verwischt. Denn durch die normalerweise übliche totale Kostenaufschlüsselung wird jede Mißwirtschaft einer Abteilung auf die Abteilungen aufgeschlüsselt, die das Unglück haben, Verrechnungsstellen für derartige Kosten zu sein.

Eine grundsätzlich andere Lösung ergibt sich bei einer Abrechnung von Verwaltungsstellen mittels einer innerbetrieblichen Verrechnung auf Leistungsgrundlage [11]. Hierfür ist notwendig, daß die Leistungen der Verwaltungsabteilungen mengenmäßig meßbar sind, und daß ein fester Verrechnungspreis für die einzelnen Leistungen mittels einer Kostenplanung festgelegt wird. Dieser Verrechnungspreis ist kalkulatorisch in Maschinen- und Platzstundenkostensätzen verankert. Jede Leistung der Abteilung wird mit diesem Verrechnungspreis bewertet, zu diesem Verrechnungspreis gibt sie ihre Leistung an eine andere Abteilung des Betriebes ab, d. h. „verkauft" sie ihre Leistung. Die Menge der abgegebenen (verkauften) Leistungen, bewertet zum Verrechnungspreis, wird der Kostenseite für den gleichen Abrechnungszeitraum gegenübergestellt. Der Saldo ergibt die absolute Wirtschaftlichkeit.

In einer Abteilungserfolgsrechnung mit innerbetrieblicher Verrechnung auf Leistungsgrundlage wird im gleichen Fall wie folgt verfahren:

Auf Grund einer speziellen Kostenplanung wird dem Fuhrpark (Autobetrieb) für eine bestimmte Kalkulationsperiode für jeden Lkw-Kilometer ein fester Teilpreis von (angenommen) —,50 DM bewilligt. Damit muß er aus-

---

[11] Das Verfahren stammt von O. *Bredt*; über die rechnerischen Methoden und die Grundlagen des BREDT-Systems siehe E. *Schneider*, a. a. O., S. 130.

kommen, d. h. seine Kosten decken können. In der Kostenstatistik (BAB) wird dann der Fuhrpark im Sinne einer Gewinn- und Verlustrechnung abgerechnet. Je gefahrenen Kilometer bekommt der Fuhrpark den Betrag von —,50 DM gutgeschrieben. Die Abteilungen, die den Autobetrieb in Anspruch genommen haben, werden entsprechend belastet. Die Ist-Kosten des Fuhrparkes werden in dem angenommenen Fall höher sein als die sich aus der Bewertung der geleisteten Kilometer ergebende Deckung. Dadurch entsteht für den Autobetrieb ein Verlust, der in einem absoluten DM-Betrag ausgewiesen wird. Durch die Gegenüberstellung von Leistungswert (Ertrag) und Verbrauchswert (Ist-Kosten) wird also das Ergebnis der Arbeits- und Wirtschaftsweise des Autobetriebes lokalisiert. Anschließend wird festgestellt, worauf dieser Verlust zurückzuführen ist.

Nicht das Rechnen mit einem Verrechnungspreis ist hier das Wesentliche, sondern die *Aufbringung*, d. h. die Bildung eines Ertrages. Die Abteilungsrechnung des BREDT-Systems belastet nicht die Erzeugnisse und Endprodukte mit den in jeder Kalkulationsperiode vorkommenden Kostenschwankungen, sondern beläßt diese da, wo sie entstehen und auch allein beeinflußt werden können: in den wirtschaftenden Abteilungen selbst. Die Geschäftsleitung sieht in der Kostenstatistik des BREDT-Systems [12] an Hand der sich ergebenden Arbeitserfolge, die auf Leistungsgrundlage beruhen, mit einem Blick für jede Arbeitsstelle nicht nur daß, sondern vor allem, wo die Kosten nicht mehr gedeckt sind und deshalb eingegriffen werden muß. Die Leitung erhält somit jeden Monat die Hinweise, derer sie bedarf, um die Wirtschaftlichkeit ihrer Verwaltungsorgane sicherzustellen.

Dieses Beispiel läßt sich auf manche Verwaltungsstellen wie Handwerker, Reparaturabteilungen, Hausdruckerei, Fotokopieranstalten usw. ausdehnen. Die Voraussetzungen, auf denen die innerbetriebliche Verrechnung auf Leistungsgrundlage beruht, liegen aber nicht bei allen Verwaltungsorganen vor. Man kann aber eine Erlösseite zum Kostenanfall der Betriebsverwaltung dadurch schaffen, daß z. B. bei einer Kalkulation auf Zeitbasis in den Kostensatz für jede Maschinen- oder Personenstunde ein bestimmter, wiederum auf Grund einer Kostenplanung gewonnener absoluter DM-Betrag einkalkuliert wird, der in der Betriebsrechnung zur Deckung der Verwaltungskosten verwendet wird. Dieses *Aufbringungsprinzip* gewährleistet zumindest, daß sich die Kosten der Betriebsverwaltung — auf längere Zeit gesehen — nach dem Anfall der geleisteten Maschinen- oder Personenstunden und damit nach dem Stand der jeweiligen Produktion richten, da die durch die Laufzeit der Maschinen oder die Anzahl der geleisteten Personenstunden „aufgebrachten" Beträge mit den Verwaltungskosten in Deckung gebracht werden müssen. Man erzielt mit diesem, rein auf die praktischen Bedürfnisse des Betriebes abgestellten Verfahren ein

---

[12] O. *Bredt:* „Richtlinien zur Ermittlung und Überwachung der Herstellkosten" (TuW, Jg. 1938, Heft 3, S. 72—78) und E. *Schneider,* a. a. O., S. 38.

ausgeglichenes Verhältnis der Kosten der Betriebsverwaltung zu jenen der Produktion und damit zur Leistung des Betriebes.

Mit den beiden letzten Verfahren lassen sich genauere Anhaltspunkte für die Wirtschaftlichkeit der Verwaltungsorgane geben, als wenn man im üblichen Betriebsabrechnungsbogen nach dem RKW-Schema die Verwaltungskosten insgesamt auf die Fertigungsstellen „umlegt" und sie somit aus dem Blickfeld einer weiteren Betrachtung und Analyse verschwinden, oder daß die Verwaltungskosten in ein Prozentverhältnis zu einer bestimmten Kostenart (Fertigungslohn) oder den Fertigungskosten insgesamt gesetzt werden. Zwischen der Leistung eines Verwaltungsorgans und dem Fertigungslohn oder den Fertigungskosten bestehen keine kausalen Zusammenhänge. Für die Beurteilung der Frage, ob das zentrale oder dezentrale System der Betriebsverwaltung wirtschaftlicher ist, vermögen aber alle hier beschriebenen Verfahren keine Auskunft zu geben. Eine am Problem der Wirtschaftlichkeit der Betriebsverwaltung interessierte Geschäftsleitung wird aber bei Anwendung des BREDT-Systems sich jene Einsicht in die Kostenseite — und soweit möglich auch in die Erlösseite — der Betriebsverwaltung verschaffen, die sie benötigt, um einer ungerechtfertigten Steigerung der Verwaltungskosten rechtzeitig Einhalt gebieten zu können.

Wir stellen somit fest:

1. *Die Arbeit der Betriebsverwaltung entzieht sich weitgehend einer Quantifizierung und damit einer Meßbarkeit. Beide Merkmale sind aber unabdingbare Voraussetzungen für die Bestimmung einer irgendwie gearteten Erlösseite.*
2. *Das Urteil über die Wirtschaftlichkeit einer Betriebsverwaltung wird in erster Linie vom Grad ihrer Gesamtwirksamkeit bestimmt und hängt nicht von etwaigen meßbaren Leistungen ab wie bei der Erzeugnissphäre.*
3. *Das Problem der Wirtschaftlichkeit der Betriebsverwaltung läßt sich nur in sehr wenigen Fällen eindeutig lösen.*

5. Die betriebsgünstigste Verwaltungsorganisation

Das Problem der betriebsgünstigsten Verwaltung läßt sich also durch die Frage nach dem wirtschaftlichsten System der Betriebsverwaltung nicht eindeutig zugunsten des einen oder anderen Systems lösen.

Die dezentrale Betriebsverwaltung wird aber von vielen Organisatoren als die normale angesehen. Sie ist für Klein- und Mittelbetriebe zweifellos die geeignetste. Die Geschäftsleitungen dieser Betriebsgrößen vermögen ihren Betrieb im allgemeinen noch gut zu übersehen. In Fayols Veröffentlichungen finden sich Beispiele vom Aufbau zweier verschiedener industrieller Unternehmungen. Sie lassen mit ziemlicher Genauigkeit erkennen, daß es sich um eine dezentrale Verwaltungsorganisation handeln muß. Fayol hielt sie also — ohne ausdrücklich darauf hinzuweisen — für selbstverständlich. Auch die wohl neueste Arbeit auf dem Gebiet der praktischen Betriebsorganisation, die Veröffentlichung des Krähe-Kreises, sieht die dezentrale Verwaltung als die zweckmäßigste an. Der Krähe-Kreis lehnt eine selbständige „Dienststelle Verwaltung" (also die zentrale Zusammenfassung) „abgesehen von den Schwierigkeiten der eindeutigen Bestimmung" dieser Aufgaben vor allem deswegen ab, weil eine zentrale Lösung die Gefahr mit sich bringt, „daß die Dienststelle dieser Art rangmäßig eine höhere Stellung einnimmt, als es ihren Aufgaben entspricht. Ferner ist zu berücksichtigen, daß der Leiter einer oberen Dienststelle „Verwaltung" auf Grund seiner vielen, andere Bereiche berührenden Aufgaben leicht in die Versuchung kommt, sich um Angelegenheiten zu kümmern, die ihm nicht zustehen, woraus sich unnötige Reibungen ergeben" [13]. Jedoch sind auch beim Vorschlag des Krähe-Kreises die Personalverwaltung und das Sozialwesen einerseits sowie das Rechnungswesen andererseits in jeweils einer Abteilung zusammengefaßt.

Die meisten Reibungen zwischen einem Verwaltungschef und den übrigen Direktoren betreffen erfahrungsgemäß die Arbeitsgebiete des Personalwesens und der Betriebsabrechnung. Diese Reibungen hängen nicht zuletzt mit dem Zeitfaktor, d. h. mit der Frage, welche Arbeit zuerst ausgeführt werden soll, zusammen. Die Betriebsabrechnung z. B. braucht für ihre Zwecke genaue und termingerechte Aufzeichnungen, deren Erledigung aber z. T. davon abhängt, ob die mit der Produktion beschäftigten Meister und Vorarbeiter dafür genügend Zeit aufbringen können. Daß es zu Kompetenzstreitigkeiten in der sogenannten „Allgemeinen Verwaltung" kommen soll, ist schlecht einzusehen, weil die von diesen Organen bearbeiteten Fragen keine wesentliche Rolle im Betriebsleben spielen. Die organisatorische Lösung des Krähe-Kreises, nämlich Anerkennung des Zentralabteilungsprinzips für das Personal- und Sozialwesen sowie das Rechnungswesen, — wobei die ersten beiden Arbeitsgebiete sogar in einer Dienststelle vereinigt werden, — aber dezentrale Bearbeitung aller übrigen Verwaltungsarbeiten, schafft keine absolut befriedigende und allgemeingültige Lösung. Es bleibt auch bei diesem Vorschlag die Tatsache bestehen, daß der Leiter des Personal- und Sozialwesens, rangmäßig gesehen, die gleiche Stellung innehat wie der Leiter der gesamten Erzeugung. Und gerade diese Ranggleichheit wollte der Krähe-Kreis vermeiden.

Dagegen zeigt ein früherer Organisationsplan der Adam Opel A. G. starke zentralistische Tendenzen. In einer sogenannten Zentralabteilung wurden dort die Juristische Abteilung, Personalabteilung, Allgemeine Verwaltungsabteilung, Bildung und Kunst sowie die Krankenkasse zu-

---

[13] *Krähe-Kreis,* a. a. O., S. 98.

sammengefaßt. Die Allgemeine Verwaltung war wieder in drei Unterabteilungen gegliedert: (1) Postbüro, (2) Hausverwaltung (mit Besichtigung, Mobiliar, Drucksachen, Schreibwaren, Zentralregistratur, Zeichner, Pförtner und Opel-Bad), (3) sogenannte „Betriebe" (mit: Photographie, Druckerei, Setzerei, Stereotypie, Schwarzpresse, Buchbinderei, Vervielfältigung, Kasino, Büromaschinen-Reparatur und Übersetzung). Gleichzeitig hatten aber die einzelnen Hauptabteilungen teilweise eigene Verwaltungsorgane. So hatte die Kundendienstabteilung eine eigene „Allgemeine Verwaltung". Das Prinzip der natürlichen Abteilungsbildung galt für die Hauptabteilungen in gewisser Hinsicht neben dem Zentralabteilungsprinzip. Eine sehr weitgehende Zentralisation der Betriebsverwaltung finden wir in allen entflochtenen Betrieben der eisenschaffenden Industrie, wo wichtige Organe der Betriebsverwaltung unter einem Arbeitsdirektor, der zugleich Vorstandsmitglied ist, zusammengefaßt sind. Als Beispiel für viele möge das Hüttenwerk Oberhausen gelten, dessen Organisationsplan in großen Zügen in Abb. 11 dargestellt ist. Diese zentralistische Tendenz wird sich unseres Erachtens noch verstärken.

Diese wenigen Aufzählungen mögen genügend illustrieren, wie schwierig es ist, eine allgemeingültige Regel für die betriebsgünstigste Organisation der Betriebsverwaltung aufzustellen. Beide Verwaltungssysteme werden in der Praxis angewendet. Darüber hinaus muß darauf hingewiesen werden, daß sich manche Betriebe vielfach weder eines absolut zentralen noch dezentralen Verwaltungssystemes bedienen, sondern daß Mischformen beider recht zahlreich sind. Dies ist nur natürlich. Gesetzliche Vorschriften und historische Gegebenheiten, die Konstitution und Situation des Betriebes sowie die Zahl der Beschäftigten und das hergestellte Erzeugnis, auch die Vorbilder anderer Betriebe und nicht zuletzt die persönlichen Ansichten der Geschäftsleitung bestimmen weitgehend die Wahl des Verwaltungssystemes. Gerade die Betriebsverwaltung zeigt eine solche Vielfältigkeit von Kombinationsmöglichkeiten, daß es unmöglich ist, jede auszuprobieren, bis man die betriebsgünstigste Lösung gefunden hat. Worauf es ankommt, ist, eine *wirksame* Betriebsverwaltung zu schaffen. Dies ist bei beiden Systemen möglich. Für Klein- und Mittelbetriebe ist freilich vorwiegend die dezentrale Form die gegebene, während für einen Großbetrieb im allgemeinen die zentrale Verwaltungsorganisation als die schlagkräftigste und damit auch betriebsgünstigere angesehen werden muß.

6. Organisationsformen in der Betriebsverwaltung

Für die Betriebsverwaltung und in ganz besonderem Maße für die des Großbetriebes ist es von entscheidender Bedeutung, daß zweckentsprechende Organisationsformen für die Durchführung der betrieblichen Verwaltungsarbeit gewählt werden. Mehr als in allen anderen Betriebsbereichen, wo sich durch den lebendigen Rhythmus der Arbeit vielfach die richtigen Organisationsformen zwangsläufig ergeben, muß in der Betriebsverwaltung auf die Wahl der Befehls- und Verkehrswege geachtet werden. Die technischen und die kaufmännischen Abteilungen haben es mit einem mehr oder weniger fest umrissenen Teilgebiet des Betriebes zu tun, die Arbeit der Betriebsverwaltung dagegen greift laufend und unaufhörlich in den gesamten Arbeitsablauf und das Betriebsleben ein. Eine falsche Organisationsform in der Verwaltung schadet daher dem Betrieb außerordentlich. Sie bedeutet Reibungsverluste, steigende Verwaltungskosten und somit Unwirtschaftlichkeit. Diese Unwirtschaftlichkeit kann durch das Rechnungswesen nur sehr bedingt erfaßt und offengelegt werden, weil es an geeigneten Maßstäben hierfür fehlt. Eine Beseitigung der einmal vorhandenen Organisationsform ist in der Praxis meistens mit Schwierigkeiten verbunden. Die sich ergebenden Reibungen werden vielfach als unvermeidlich, als in der menschlichen Natur liegend, und damit als Datum angesehen. Gewisse Menschentypen im Betrieb sind nur zu sehr geneigt, einen Großteil der täglichen Reibungen im Betriebsleben der „sowieso unproduktiven Arbeit der Betriebsverwaltung" zur Last zu legen. Im übrigen ist man an das vorhandene Personal rechtlich, sozial und menschlich oft mehr gebunden, als es — rein betrieblich gesehen — wünschenswert ist.

Grundsätzlich müssen wir jede Organisation der Betriebsverwaltung von zwei Seiten betrachten. Zunächst ist das Problem der personellen Unterstellung der Organe der Betriebsverwaltung zu lösen. Außerdem ist aber noch zu klären, welcher Organisationsform sich die Organe der Betriebsverwaltung bedienen, um ihre Verwaltungsarbeit zu erledigen. Wir können das erste mit Innenverhältnis, das zweite mit Außenverhältnis bezeichnen. Das Innenverhältnis zeigt die Formen, die für den inneren Dienst der Betriebsverwaltung gelten; im Außenverhältnis werden die Verbindungswege geregelt, auf denen die Stellen der Betriebsverwaltung mit ihrer Arbeit tätig werden. Es ist möglich, daß für das Innen- und Außenverhältnis die gleichen Organisationsformen angewendet werden. Wir wollen nun an Hand der beiden Grundtypen der Betriebsverwaltung, der zentralen und dezentralen Verwaltungsorganisation, untersuchen, welche Organisationsformen in der betrieblichen Verwaltung bestehen und möglich sind.

In der dezentralen Verwaltung herrscht für das Innenverhältnis die Linienorganisation vor. Diese gilt besonders für die Form der Unterstellung unter die leitenden und beaufsichtigenden Stellen des Großbetriebes, gleichgültig, ob sie durch die Geschäftsleitung oder die Hauptabteilungen wie Erzeugung und Einkauf-Verkauf erfolgt. Die

6. Organisationsformen in der Betriebsverwaltung

Organisationsform der Linie ermöglicht erst die Nebeneinanderschaltung und unmittelbare Unterstellung von Verwaltungsstellen unter die Geschäftsleitung. Und wenn wir uns erinnern, was wir über die Anforderungen an das Personal der Verwaltungsstellen bei dezentralem Verwaltungssystem ausgeführt haben, so ergibt sich auch hieraus klar die Notwendigkeit einer straffen Linienorganisation. Das gleiche gilt für diejenigen Abteilungen, in denen eine gemeinsame Bearbeitung von Grundfunktionen und Verwaltungsfunktionen erfolgt.

Für das Außenverhältnis scheidet eine Stab-Linienorganisation (hierbei wäre die Geschäftsleitung als „Linienchef" zu denken) aus mancherlei Gründen aus. Zunächst schon deshalb, weil auf die Einsetzung qualifizierter Fachkräfte als Abteilungschefs verzichtet wird. Außerdem ist die Anzahl der Verwaltungsstellen zu groß, sie umfassen teilweise auch zuviel Personal, um noch als „Stab" gelten zu können. Ferner verbietet die Art der Arbeit meistens von selbst eine Organisationsform, die auf eine hochwertige Arbeit weniger Personen zugeschnitten ist. Auch die funktionale Form kann nicht zum Zuge kommen, da im dezentralen Verwaltungssystem die Zuständigkeit der Verwaltungsstellen auf ein ganz bestimmtes, klar zu übersehendes Teilgebiet des Betriebes eingeschränkt wird. Dieses Teilgebiet soll aber im dezentralen Verwaltungssystem in erster Linie vom Linienchef, d. h. einer hauptsächlich in der Sphäre der Grundfunktionen tätigen Person mitbearbeitet werden. Dies ist auch der Hauptgrund dafür, daß sich die Arbeit der Verwaltungsstellen im Außenverhältnis überwiegend in der Linienorganisationsform abspielt. Ein Verzicht auf die Linienorganisationsform würde die Vorteile des dezentralen Systems aufgeben und gegen dessen Geist verstoßen. Sie ergibt sich daher zwangsläufig aus dem Zweck und Sinn, der mit jeder dezentralen Betriebsverwaltung, insbesondere im Großbetrieb, verbunden ist.

Im dezentralen Verwaltungssystem ist also im Innen- und Außenverhältnis die Linienorganisation die vorherrschende (Abb. 12). Eine Ausnahme hiervon bildet in Großbetrieben oft der Leiter der Betriebsabrechnung, der bei einer Unterstellung unter den Technischen Leiter auf Grund seiner Vorbildung ein teilweise unmittelbares Anweisungsrecht an die Produktionsabteilungen, die kaufmännischen und übrigen Verwaltungsabteilungen ausübt. In diesem Fall ist das innerbetriebliche Rechnungswesen im organisatorischen Sinne zu einer Stabsstelle mit ausgesprochener persönlicher Befehlsgewalt, seltener zu einer solchen mit beratendem Charakter geworden.

Im zentralen Verwaltungssystem werden die einzelnen Verwaltungsorgane in der Linienorganisationsform auf die Leitungsspitze ausgerichtet. Jede andere Organisationsform würde dem Gedanken der Zentralisierung, der größtmöglichen Zusammenfassung aller Verwaltungsstellen des Betriebes widersprechen. Im Innenverhältnis, im Dienstverkehr innerhalb der zentral zusammengefaßten Betriebsverwaltung gilt also ebenfalls die Linienorganisation.

Das Problem liegt beim zentralen Verwaltungssystem vor allem in der organisatorischen Durchführung der Verwaltungsaufgaben. Hierbei ist zweierlei zu beachten. Zum ersten greift jede zentrale Verwaltung — da sie auf der Durchsetzung des Zentralabteilungsprinzips beruht — nicht in abgegrenzte Teilgebiete des Betriebes, sondern in den gesamten Betrieb ein. Dies kann bei Großbetrieben zu Kompetenzstreitigkeiten führen mit den Leitern der Hauptabteilungen (Grundfunktionen), die die Verwaltungsakte als Eingriff in die ihnen zugewiesene und verantwortliche Sphäre, d. h. ihren Machtbereich, empfinden. Andererseits soll die Durchführung der Verwaltungsakte aber schnell, reibungslos und betriebsnah vor sich gehen. Die Beachtung beider Faktoren verlangt, — so möchte es zunächst scheinen —, das Durchsetzen von sich gegenseitig aufhebenden Organisationsprinzipien. Die Ausschaltung der Reibungen zwischen dem Verwaltungschef und den Leitern der Hauptabteilungen Produktion und Verkauf bedingt nämlich ein Verhandeln und Arbeiten auf der höchstmöglichen Ebene, d. h. der Ebene der Hauptabteilungsleiter (Prinzip der richtigen Instanzenhöhe). Eine strikte Befolgung dieses Prinzips würde also die Einführung der Linienorganisaton auch für das Außenverhältnis, d. h. für die Durchführung der Verwaltungsakte bedeuten. Das hätte zur Folge, daß sich der gesamte Verwaltungsverkehr weitgehend nur über die oberste Spitze, den Verwaltungschef, abspielen müßte. Infolge Nacheinanderschaltung der Verwaltungsorgane beim zentralen Verwaltungssystem wird die Betriebsverwaltung dann aber langsam, bürokratisch und schwerfällig. Das Liniensystem widerspricht also der oben aufgestellten Forderung nach einer schnellen und betriebsnahen Verwaltung. Das gleiche gilt auch bei einer Anwendung der Stab-Linienorganisation für den Verwaltungsbereich, in welchem die Leiter der Stäbe keine persönliche Befehlsgewalt haben. Im übrigen gilt auch hier das für das Außenverhältnis bei dezentraler Betriebsverwaltung Gesagte sinngemäß.

Den Ausweg aus diesen organisatorischen Schwierigkeiten bietet eine weitgehende Anwendung der funktionalen Organisationsform (Abb. 13). Die ihr innewohnenden Schwierigkeiten, die sich aus der Aufhebung des Prinzips der Einheitlichkeit des Auftragsempfangs ergeben, werden organisatorisch durch zwei Mittel eingeengt:

1. durch eine „organisationsgerechte Personalpolitik" [14],

---

[14] Diesen Ausdruck hat unseres Erachtens Ulrich zuerst geprägt. H. *Ulrich*, a. a. O., S. 179.

6. Organisationsformen in der Betriebsverwaltung

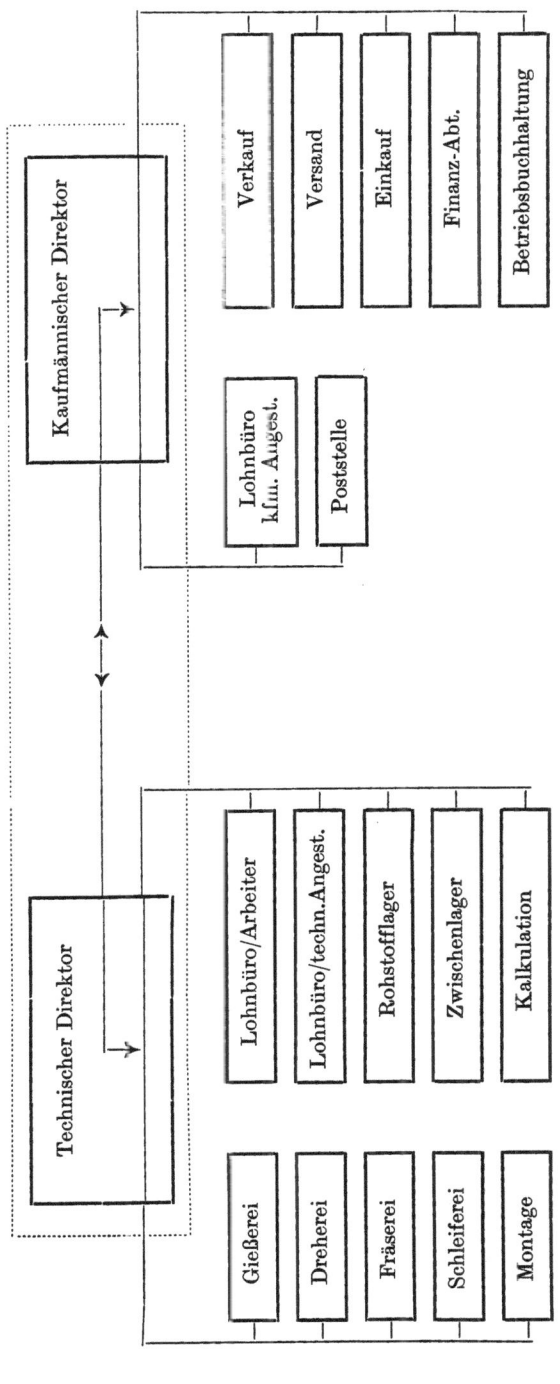

Abb. 12. Beispiel für die Anordnungswege von Verwaltungsstellen im dezentralen Verwaltungssystem

Bemerkung: Die Verwaltungsstellen stehen im Innen- und Außenverhältnis nur in der Linienorganisation untereinander in Verbindung.
Vorteil: Kein Übergreifen in andere Hauptabteilungen ohne gleichzeitige Abstimmung auf höchster Ebene.
Nachteil: Langsames Arbeiten, da auch Normalverkehr von Hauptabteilung zu Hauptabteilung im allgemeinen nur über die Hauptabteilungen (Direktoren) möglich ist. Folge: Überlastung der Geschäftsleitung.

Erklärung: Geschäftsleitung

Die Organisation der Betriebsverwaltung

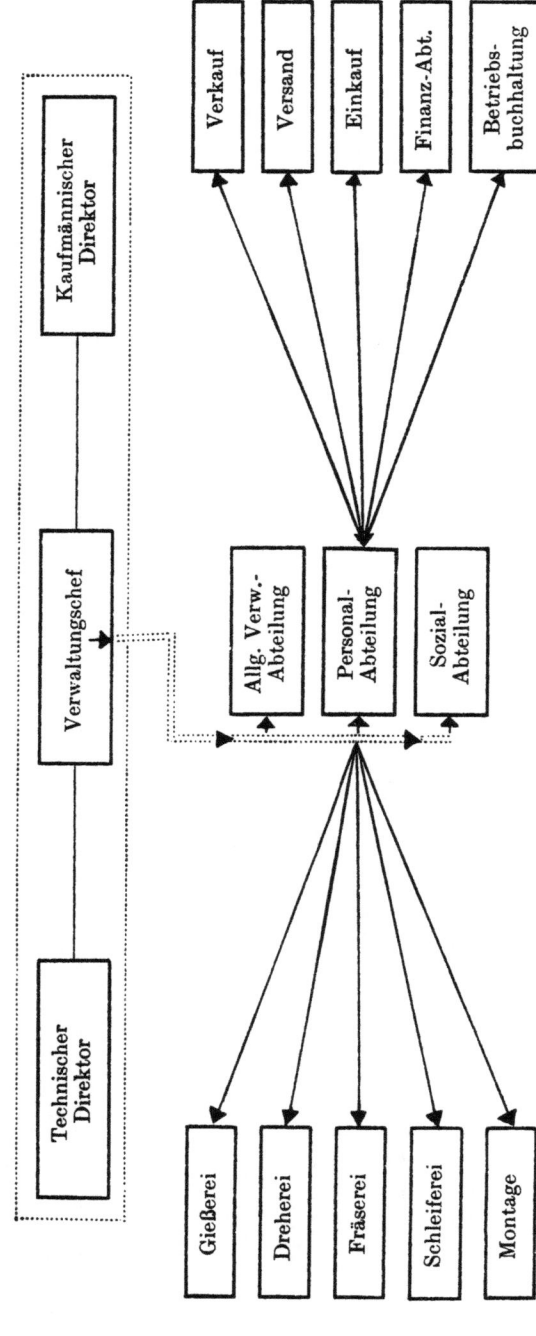

Abb. 13. *Beispiel für die Anordnungswege von Verwaltungsstellen im zentralen Verwaltungssystem*

Bemerkung: Die Verwaltungsabteilungen unterstehen im Innenverhältnis (punktierte Linie) in der Linienorganisation dem Verwaltungschef; im Außenverhältnis (ausgezogene Linie) sind sie in der funktionalen Organisationsform mit den übrigen Abteilungen des Betriebes verbunden. In der Skizze ist dies am Beispiel der Personalabteilung dargestellt.
Vorteil: Schnelles Arbeiten, da Direktverkehr. Der Verkehr über die Hauptabteilungschefs kommt nur bei besonders wichtigen Anlässen zum Zuge. Folge: Entlastung der Geschäftsleitung.
Nachteil: Möglichkeit von Kompetenzstreitigkeiten, daher schriftliche Arbeitsanweisungen an die Verwaltungsabteilungen notwendig.

Erklärung: [Geschäftsleitung]

6. Organisationsformen in der Betriebsverwaltung

2. *durch eine schriftlich festgelegte Regelung der organisatorischen Beziehung zwischen den anordnenden und den betroffenen Dienststellen.*

Bei einer organisationsgerechten Personalpolitik wird der für eine Instanz mit funktionalem Charakter in Frage kommende Leiter auf seine menschliche Eignung hierfür besonders untersucht. Es wird nur eine solche Persönlichkeit gewählt, die den besonderen charakterlichen Anforderungen der funktionalen Organisationsform genügt. Dies sind vor allem Takt, Einfühlungsvermögen, Zurückhaltung und diplomatisches Geschick. Die sich hieraus ergebenden Probleme sind im vierten Kapitel noch besonders dargestellt. Die Regelung der organisatorischen Beziehungen zwischen dem Verwaltungschef und den Leitern der Verwaltungsabteilungen einerseits und den Leitern der Grundfunktionen und deren Untergliederungen andererseits erfolgt in der Form eines Mitspracherechtes, das bis zum Vetorecht gehen kann. Das bedeutet nichts anderes, als daß die Befugnis der Leiter der Verwaltungsstellen, allen Abteilungen des Betriebes für die Durchführung der Verwaltungsaufgaben Anordnungen zu geben, durch die Mitspracheregelung beschränkt wird. Die von den Verwaltungsanordnungen Betroffenen können also in besonderen Fällen die Anweisungen der Leiter der Verwaltungsstellen zunächst aussetzen.

Bei bewußter Anwendung dieser beiden organisatorischen Mittel seitens der Geschäftsleitung läßt sich eine weitgehend reibungslose, schnelle und betriebsnahe Verwaltung auch im Großbetrieb aufziehen, in der vor allem ein wesentlicher Vorzug des zentralen Verwaltungssystems, der Einsatz von Spezialisten, voll zur Geltung kommt. Es ist dies um so eher möglich, da es sich beim zentralen Verwaltungssystem bei den Abteilungschefs der Betriebsverwaltung, wie z. B. dem Leiter des Rechnungswesens, des Personalwesens und der Allgemeinen Verwaltung im allgemeinen auf Grund ihrer Vorbildung nicht nur um qualifizierte Fachkräfte, sondern auch um ausgesprochene Persönlichkeiten handelt. Durch die funktionale Organisationsform werden kürzere Befehls- und Verkehrswege geschaffen, als dies beim Liniensystem möglich ist.

Somit haben wir es beim zentralen Verwaltungssystem im Innenverhältnis überwiegend mit einer Linienorganisation, im Außenverhältnis mit einer funktionalen Organisationsform zu tun bzw. sollten es zu tun haben. Denn die reibungslose Ausgliederung der Verwaltungsaufgaben aus dem Kreis der Zweckaufgaben, d. h. die Zentralisation der Verwaltungsaufgaben, ist nur durch die Einführung einer funktionalen Organisationsform, in der die Leiter der wichtigsten Verwaltungsstellen persönliche Befehlsbefugnisse an die Abteilungen der technischen und kaufmännischen Hauptabteilungen haben, möglich.

Jedes erfolgreiche Tätigwerden einer zentralen Betriebsverwaltung im Großbetrieb hängt weitgehend von der Wirksamkeit der funktionalen Organisationsform ab.

Unabhängig von dieser Organisationsform können auch bei zentraler Betriebsverwaltung einige Verwaltungsorgane sich im Außenverhältnis der Linienorganisation bedienen. Es sind dies die Stellen der Allgemeinen Verwaltung, die — sofern es keine besondere Dienststelle „Allgemeine Verwaltung" mit eigenem Abteilungschef gibt — dem Verwaltungschef unterstellt sind. Ihr Verkehr wickelt sich dann über den Verwaltungschef unmittelbar ab, der somit für alle Betriebsangehörigen „Linienvorgesetzter" ist. Hiergegen bestehen insoweit keine Bedenken, da es sich bei diesen Verwaltungsstellen vorwiegend um solche handelt, deren Arbeit mit den Abteilungen des Produktions- oder Verkaufsbereichs nur wenig Gemeinsames hat. Beispiel: Pförtner, Vervielfältigung, Nachrichten- und Botendienst. Kompetenzstreitigkeiten können daher im allgemeinen nicht entstehen. Zum anderen zwingt auch die Besetzung dieser Organe mit untergeordnetem Personal in der Regel zu einer solchen organisatorischen Lösung.

Viertes Kapitel

Personelle Probleme in der Geschäftsleitung und in der Betriebsverwaltung

Wenn wir uns nun personellen Problemen zuwenden, so sind stets jene gemeint, die ihren Ursprung in der Person, in der Natur des Menschen, im Menschlich-Allzumenschlichen ihre Wurzel haben. Es kommt uns vor allem darauf an, die enge Verflechtung zwischen organisatorischen und personellen Problemen aufzuzeigen, besonders aber jene personellen Probleme deutlich zu machen, die in der Geschäftsleitung und in der Betriebsverwaltung eine Rolle spielen. Denn der Organisationsstand eines Unternehmens, erst recht eines Großbetriebes, wird primär keineswegs durch Geschäftsordnungen und Arbeitstechniken bestimmt, sondern vor allem durch die in seiner Leitung tätigen Menschen und deren Charaktere und Temperamente. Die etwas resignierende Feststellung Harvey Firestones, des großen amerikanischen Reifenindustriellen: „Das ewige Problem im Geschäftsleben sind die Menschen" hat Gültigkeit, solange es Wirtschaft gibt. Die personellen Probleme der Geschäftsleitung hängen nicht zuletzt davon ab, ob sie durch eine Person allein oder eine Personenmehrheit ausgeübt wird, d. h. ob der Individual- oder Kollektivgedanke in der Leitung des Betriebes vorherrscht.

1. Personelle Probleme in der Geschäftsleitung

Wird die Geschäftsleitung nur durch eine Person allein verkörpert und fehlen dieser die Kraft und die Ausdauer, den Betrieb bis in seine letzten Verästelungen zu führen und die Zügel fest in der Hand zu halten und unbeirrt dem einmal klar erkannten Ziele zuzusteuern, so wird die fehlende Energie und Tatkraft der Geschäftsleitung ersetzt werden müssen, wenn der Betrieb nicht verkümmern soll. Andere Persönlichkeiten des Betriebes werden dann bestrebt sein, jenen Platz auszufüllen, den die Geschäftsleitung nicht einnehmen kann oder will. In solchen Fällen gewinnt stets die „Führung der zweiten Hand" an Bedeutung. Die Abteilungsleiter und oft sogar einzelne Sachbearbeiter übernehmen dann jene Leitungsfunktionen, die eigentlich ureigenstes Gebiet der engeren Geschäftsleitung sind. Die Folge hiervon im sachlichen Bereich sind unklare Befehlsverhältnisse und mangelnde Koordinierung der Geschäfte, die fast immer Unwirtschaftlichkeit nach sich ziehen. Oft entbrennt noch zusätzlich der Kampf um Machtpositionen, der im personellen Bereich zu Unzuträglichkeiten und persönlichen Reibungen führt. Die verantwortliche Geschäftsleitung darf sich daher niemals von den Geschäften treiben lassen. „Geist ohne Willen ist wertlos." — Dieses Wort Seeckts gilt ebenso im soldatischen wie im wirtschaftlichen Leben.

Freilich, „Willen ohne Geist ist gefährlich". Ist die leitende Persönlichkeit zu autokratisch veranlagt, so kann sie in ihrem Bestreben nach Gestaltung der Umwelt nach ihrem eigenen Willen der Geschäftspolitik leicht jenen Zug ins Übersteigerte und Maßlose verleihen, der schon manchen Betrieb an den Rand des Ruins gebracht oder ihn bis zum Zusammenbruch geführt hat. Will man den Gefahren des Individualprinzips in der Leitung eines Betriebes begegnen, die sich aus der Schwäche oder der zu starken Machtentfaltung ihrer Träger ergeben, so gelangt man zwangsläufig auch von der personellen Seite her zu einer kollektiven Leitungsform, wie sie sich im Vorstand einer Aktiengesellschaft oder einer mehrköpfigen Geschäftsleitung darstellt. Somit können für die Einführung oder das Bestehen eines Kollegialsystems für die Leitung sowohl rein organisatorische Momente als auch personelle Gründe bestimmend sein. Den organisatorischen Stein der Weisen hat man mit jener Lösung freilich nicht gefunden. Fehlt es beim Kollegialsystem an der persönlichen Zusammenarbeit, an dem bei allen Mitgliedern der Geschäftsleitung erforderlichen Willen, über etwaige vorhandene sachliche Gegensätze hinweg das Gemeinsame und Verbindende — nämlich den Betrieb — stets obenan zu stellen, so öffnet ein derartiger, rein im Personellen liegender Mißstand in der Leitung der Intrige nur zu leicht die Tür. Ist aber die Einheitlichkeit der Leitung nicht mehr vorhanden, so gewinnen fast immer jene Personen an Macht und Einfluß, die zur Lösung von Problemen nicht sachlich berufen sind; sie verfügen aber über genügend Geschicklichkeit, um vom Zwiespalt in der Leitung für ihre eigene Person zu profitieren.

Mit parlamentarischen Methoden läßt sich kein Betrieb — geschweige denn ein Großbetrieb — verwalten oder gar leiten. Worauf es, personell gesehen, ankommt, ist, aus einem mehrköpfigen Kollegium, aus einer Reihe von einzelnen Individuen mit jeweils verschieden ausgeprägten Anlagen und Fähigkeiten, Stärken und Schwächen, Charakteren und Temperamenten ein „Team" werden zu lassen, dessen Einsatz im Betrieb auf Grund einer in sich geschlossenen Willensbildung vor sich geht, ein Team, das einheitlich leitet und handelt. Ob das Kollegialsystem besser als das Direktorialsystem für die Leitung eines industriellen Betriebes geeignet ist, hängt nicht so sehr von der sachlich-organisatorischen Seite, sondern von der personellen ab, oder in anderen Worten: von der echten Kollegialität und Autorität seiner Mitglieder.

Beides kann aber durch organisatorische Maßnahmen höchstens in Formen gebracht, aber nicht geschaffen oder ersetzt werden. Hier wird besonders deutlich, daß niemals nur rein organisatorische, sondern vor allem personelle und menschliche Probleme bei der Leitung eines Betriebes eine Rolle spielen.

Die personellen Schwierigkeiten bei der Leitung im engeren Sinne bleiben naturgemäß nicht ohne Einfluß auf jenen Personenkreis, der die Leitung im weiteren Sinne bildet. Ist die Leitung im engeren Sinne schwach, so vergrößert er seinen Einfluß und seinen Machtbereich. Der in manchen Betrieben anzutreffende Organisationsstand, bei dem bestimmte Personen Funktionen in ihrer Hand vereinigen, die nach allgemeingültigen Organisationsregeln getrennt bearbeitet werden müßten, findet seinen Ursprung vielfach nicht in der Unkenntnis über das Wesen der verschiedenen Funktionen oder Organisationstypen und -prinzipien, sondern erklärt sich allein aus den personellen Verhältnissen in der oberen Leitung. Wenn z. B. Planung mit Kontrolle oder Ausführung mit Revision in einer Hand vereinigt sind, mag das für den verantwortlichen Leiter dieser Aufgabengebiete angenehm sein, für den Betrieb selbst ist es nur in den seltensten Fällen richtig, denn es verstößt gegen das organisatorische Prinzip der gegenseitigen Kontrolle.

2. Leitungsnachwuchs und Leitungsnachfolge

Ein personelles Problem ersten Ranges ist das der Nachfolge in der Leitung, insbesondere in Familienunternehmungen und Großbetrieben, und damit die Frage des Leitungsnachwuchses überhaupt. Für beide Unternehmungsformen stellt dies das vielleicht entscheidende Problem im Kampf für ihr erfolgreiches Bestehen und Überleben dar. Während der Bedarf an hochqualifiziertem Führungspersonal infolge der Schwierigkeiten des wirtschaftlichen Lebens von Jahr zu Jahr steigt und für den modernen Großbetrieb zur Lebensfrage wird, hat es gerade der Großbetrieb so ungemein schwer, sich selbst geeigneten Leitungsnachwuchs heranzuziehen. Man sagt sogar, daß das größte Hindernis für das Emporkommen von geeigneten, erfahrenen und unternehmerisch denkenden Persönlichkeiten die Großbetriebe selbst sind.

Vier Gründe sind es hauptsächlich, die es dem Großbetrieb erschweren, etwaige in ihm tätige, als Leitungsnachwuchs geeignete Personen zu erkennen:

1. Die dem Großbetrieb natürlicherweise innewohnende Tendenz, das Hauptgewicht mehr auf die Organisation, d. h. den Rahmen, den Dienstweg und das Vordruckwesen zu legen als auf die Weckung von Initiative des einzelnen.
2. Die relative Unmöglichkeit für die Geschäftsleitung, die Vielzahl der im Großbetrieb tätigen Menschen persönlich so eingehend kennenzulernen,

daß sie von ihr menschlich und fachlich einwandfrei beurteilt werden können. Die Leitung ist fast immer auf Zwischenberichte und Beurteilungen anderer Personen angewiesen.

3. Die absolute Unmöglichkeit, die Leistungen der einzelnen Abteilungsleiter, der Führung der „zweiten Linie", aus der sich die Spitzenführung ergänzen müßte, im Rahmen des Gesamterfolges des Großbetriebes auf dem Markt einwandfrei zu messen. Jede Abteilung ist zu sehr mit den übrigen Abteilungen verflochten, als daß man ihren Anteil und insbesondere den ihres Leiters feststellen und in Geldbeträgen oder wirtschaftlichen Kennziffern angeben könnte. Auch eine „pretiale Lenkung" Schmalenbachscher Prägung wird bei dieser Problemstellung keine Abhilfe schaffen können.

4. Das im Großbetrieb vorherrschende und zwangsläufig stark ausgeprägte Prinzip der Arbeitsteilung erfordert bei der Auswahl von Abteilungsleitern die Berücksichtigung von Spezialisten, während eine Tätigkeit in der Geschäftsleitung selbst überwiegend Kenntnisse auf allen Gebieten verlangt. Für die oberste Leitung eines Großbetriebes werden Persönlichkeiten benötigt, die mehr als Spezialisten auf einem bestimmten Gebiet oder mehreren Fachgebieten sind. Sie müssen vor allem ein umfassendes Verständnis und eine besondere Einfühlungsgabe für den Gesamtablauf von wirtschaftlichen Gegebenheiten aufweisen. Der betriebswirtschaftliche Einblick in den Großbetrieb muß sich mit einer volks- und weltwirtschaftlichen Übersicht harmonisch verbinden.

Trotz dieser Schwierigkeiten muß der Großbetrieb, will er leben und gesund bleiben, seinem Leitungsorgan neues Blut zuführen. Die Geschäftsleitung ist dafür verantwortlich, daß organisatorisch alle Mittel eingesetzt und alle Wege beschritten werden, um geeigneten Nachwuchs innerhalb des Großbetriebes selbst zu suchen und daß dieser erkannt und gefördert wird.

Bei der Umschau nach Führungsnachwuchs außerhalb des eigenen Betriebes muß berücksichtigt werden, daß viele Menschen nicht mit der Gewährung eines guten Gehaltes allein gewonnen werden können. Das Streben nach dem größten Verdienst spielt durchaus nicht immer die ausschlaggebende Rolle bei der Annahme einer neuen Stellung. Diese in der Theorie und im Fachschrifttum viel zuwenig beachtete Tatsache wird durch die neuesten amerikanischen Untersuchungen von F. J. Roethlisberger bestätigt. *"Most of us want the satisfaction that comes from being accepted and recognized as people of worth by our friends and work associates. Money is only a small part of this social recognition."*[15] (Die meisten von uns suchen die Befriedigung, die sich aus unserer Anerkennung als geachtete Persönlichkeit bei unseren Bekannten und Mitarbeitern ergibt. Geld ist nur ein kleiner Teil dieser gesellschaftlichen Anerkennung.) Viel mehr als man in der Theorie der Wirtschaftswissenschaften in Rechnung stellen kann, bestimmen Machtstreben und Eitelkeit, Befriedigung an der eigenen Leistung oder Gestaltungswillen und Ehrgeiz

---

[15] Management and Morale, Harvard University Press 1947, S. 24.

2. Leitungsnachwuchs und Leitungsnachfolge

das Handeln der in Führungsstellen tätigen oder für sie in Frage kommenden Personen. Auch der Stolz, in einem bedeutenden Großbetrieb mit klangvollem, Weltgeltung habenden Namen an verantwortlicher Stelle mitarbeiten zu können, spielt oft eine nicht zu unterschätzende Rolle. Die in Amerika weitverbreitete Ansicht, daß die Tantiemen für leitende Personen in Aktien des Großbetriebes gezahlt werden sollten, damit die Dividende einen größeren Anreiz gibt als das feste Gehalt, läßt sich in Deutschland nicht ohne weiteres durchführen. Hier stellen sich rechtliche und steuerliche Schwierigkeiten entgegen. Durch die starke Progression der Einkommensteuer verfällt heute der größte Teil jedes wirklich hohen und damit vielleicht lockenden Einkommens zu einem erheblichen Teil dem Steuerfiskus.

Desto mehr kommt es darauf an, Personen, die für Führungsaufgaben geeignet sind, jenes Maß an Freiheit, Mitarbeit und Vertrauen zu gewähren, das sie stärker an die Leitung und das Unternehmen bindet als ein nominell hohes Gehalt. Die Durchführung dieses im Grunde so einfachen Prinzips verlangt von jeder Geschäftsleitung, ganz besonders der eines Großbetriebes oder einer Familienunternehmung, ein besonderes Maß an freiwilliger Beschränkung bei der Erledigung wichtiger Arbeiten und Aufgaben. Robert Bosch, der Gründer der Stuttgarter Weltfirma, besaß jene Zurückhaltung. Er bekannte an seinem Lebensabend, daß es sein ständiger Grundsatz gewesen sei, sich willige Mitarbeiter heranzuziehen, „und zwar dadurch, daß ich jeden möglichst weit selbständig arbeiten ließ, ihm dabei aber auch die entsprechende Verantwortung auferlegte". Und noch ein weltweiter Unternehmer sah es als eine seiner wesentlichsten Aufgaben an, der Leitung seines Konzerns neue Kräfte zuzuführen. Alfred Krupp, der Schöpfer der Essener Gußstahlfabrik und des Krupp-Konzerns, schrieb einmal: *„Meine einzige persönliche Tätigkeit beschränkt sich darauf, die Prokura (gemeint ist die Leitung des Unternehmens) zu vervollständigen durch Intelligenz, Energie und Ansehen und dafür bin ich bemüht."* Keine rein organisatorische Lösung allein, so wichtig, unerläßlich und wegbereitend sie ist, garantiert den Erfolg. Das Problem des Leitungsnachwuchses und der Leitungsnachfolge ist überwiegend personeller Natur.

Wie sehr dies der Fall ist, zeigt vielleicht am klarsten die Frage der Leitungsnachfolge in reinen Familienbetrieben. Hier liegt die Nachfolge meistens durch die Erbfolge fest und kann nur in den seltensten Fällen geändert werden. Der Betrieb muß sich dann mit der Persönlichkeit des Nachfolgers oder dem Kollektiv einer Erbengemeinschaft auseinandersetzen. Häufig kommt es durch die Erb- und Geschlechterfolge zu einem Nachlassen der unternehmerischen Fähigkeiten. Nur selten sieht die Öffentlichkeit den menschlich-erschütternden und tragischen Konflikt zwischen Vater und Unternehmer; wo der Vater nicht wahrhaben will, was der Unternehmer und noch verantwortliche Leiter des Betriebes ahnt oder gar weiß. An die Stelle der schöpferischen Initiative und Leitung des Vaters tritt oft die Verwaltung des Sohnes, welche vielleicht durch die Gleichgültigkeit des Enkels an der Geschäftsleitung und an wirtschaftlichen Dingen überhaupt abgelöst wird. Die marktversorgende und leistungsverpflichtende Aufgabe, die der Gründer des Betriebes noch lebhaft empfand, wird von den Nachfolgern als lästig empfunden. Sie wollen nicht Wettbewerb und Leistung, sondern eine ewige Rente. Aus der OHG oder Kommanditgesellschaft wird aus rein personellen Gründen eine Kapitalgesellschaft. An die Stelle des verantwortlichen Namensträgers in der Leitung eines Betriebes tritt der anonyme Vorstand.

Dieser Wandel in der organisatorischen Form der Leitung muß nicht immer mit einer negativen Leistung verbunden sein. So hat z. B. der Vorstand des Siemens-Konzerns das Werk nach dem Tode seines Gründers mit der gleichen Tatkraft und Weitsicht fortgeführt, mit der es geschaffen wurde. Der oben angedeutete Verlauf in der Geschlechterfolge ist überhaupt nicht zwangsläufig, obwohl die Geschichte mancher Betriebe diesen Verlauf so deutlich zeigt, daß man von einer „Buddenbrook-Tragödie" der Einzelunternehmer gesprochen hat[16]. Es gibt Familien, die über eine Reihe von Generationen hinweg sich tatkräftig in der Leitung ihrer Betriebe behauptet haben. Dies zeigen vielleicht am deutlichsten die Fords und Krupps. Bei letzteren erstreckte sich die Verpflichtung gegenüber dem Werk und den in ihm Tätigen über vier Generationen, bis höhere Gewalt ihrem Wirken ein Ende setzte. In vielen Fällen war es sogar erst die zweite Generation, die den Großbetrieb schuf oder ihn zu seiner führenden Stellung auf dem Markt ausbaute. Man darf auch nicht übersehen, daß manchmal das einfache Durchhalten eines Betriebes durch eine verworrene und wirtschaftlich schwierige Zeit von der Nachfolgegeneration ebensoviel Tatkraft, Weitsicht und Einsatz der ganzen Person fordert wie die Schaffung oder Entwicklung des Betriebes durch den Gründer in einer ruhigen und wirtschaftlich günstigeren Epoche.

3. Personelle Probleme in der Betriebsverwaltung

Die personellen Probleme in der Betriebsverwaltung eines Betriebes weisen andere Züge auf als die in der Geschäftsleitung. Bei der Betriebsverwaltung spielt vor allem die Frage der Besetzung des obersten Verwaltungschefs bei zentraler Betriebsverwaltung eine Rolle. Bei der Vielfalt der Verwaltungsaufgaben in einem modernen industriellen Großbetrieb, wie sie vielleicht durch die verschiedenen Sachgebiete des

---

[16] A. *Lohse*, a. a. O., S. 181.

sogenannten "Arbeits-Direktors" — vielfach in den entflochtenen Werken der eisenschaffenden Industrie auch "Soziale Leitung" benannt — eines großen Hüttenwerks (Abb. 11) am treffendsten gekennzeichnet werden, ist es für die Geschäftsleitung nicht einfach zu entscheiden, ob dieser Posten besser durch eine kaufmännisch oder mehr juristisch vorgebildete Persönlichkeit besetzt werden soll. Einerseits verlangt heute die Personalwirtschaft in einem großen Betrieb teilweise besondere rechtliche Kenntnisse (Arbeits- und Sozialrecht), andererseits soll und muß die Betriebsverwaltung wirtschaftlich arbeiten. Für die erstgenannten Aufgaben eignet sich vielleicht am besten ein Jurist, für die anderen eine ausgesprochen kaufmännisch vorgebildete Persönlichkeit.

Die Frage der personellen Besetzung ist schwierig zu lösen, da sie die organisatorische Form der Betriebsverwaltung stark beeinflussen kann. In vielen Betrieben stellt der Kaufmännische Direktor die höchste Verwaltungsspitze dar. Es werden also die Grundfunktionen Einkauf und Verkauf mit der Verwaltungsfunktion gekoppelt und somit zwei verschiedene Funktionsgruppen miteinander verbunden. Jede dieser Funktionen erfordert aber einen anderen Persönlichkeitstyp. Einkauf und Verkauf stellen das kaufmännische Element schlechthin dar, verlangen also Rechenhaftigkeit und kaufmännisches Fingerspitzengefühl, d. h. wirtschaftliches und händlerisches Denken im besten Sinne. Dynamisches Denken mit dem Blick auf den Markt und Betrieb kennzeichnen diesen Typ. Verwaltung ist aber Erhaltung des status quo, ist Sicherung, Ordnung und Pflege. Der Blick des Verwalters bleibt im Betrieb, er empfängt seine Aufgabenstellung und Impulse vorwiegend durch ihn, weniger von der Außenwelt und am wenigsten vom Markt. Verwaltungsaufgaben verlangen daher weniger dynamische als statische Persönlichkeiten. Werden nun kaufmännische und verwaltungsmäßige Aufgaben organisatorisch durch Personalunion verbunden, so neigt sich das Schwergewicht der Bearbeitung auf jene Seite, die dem jeweiligen Typ am meisten zusagt. Dann kommt entweder ein Sachgebiet zu kurz oder beide Funktionskreise werden nur unvollkommen bearbeitet, da jeder einen vollen Einsatz der Person verlangt. Dieses nur durch den Persönlichkeitstyp entstehende Problem wird am besten dadurch gelöst, daß man den Kaufmännischen Leiter von den reinen Verwaltungsaufgaben entbindet.

Unabhängig von der Frage des Persönlichkeitstyps oder einer bestimmten fachlichen Ausbildung des Verwaltungschefs sind für die Besetzung dieses Postens in einem Großbetrieb mit zentraler Betriebsverwaltung gewisse Charaktereigenschaften unerläßlich. Diese Forderung ergibt sich ganz einfach aus der Tatsache, daß — wie wir bereits an anderer Stelle erwähnt haben — die Vielseitigkeit der Verwaltungsaufgaben und ihre enge Verflechtung mit der Arbeit im Bereich der

Produktion und des Verkaufs bei zentraler Betriebsverwaltung leicht dazu führen können, daß Kompetenzschwierigkeiten und Reibungen zwischen dem Verwaltungschef und dem Produktionsleiter entstehen. Ein Mangel an Gemeinschaftssinn oder geistiger Beweglichkeit, d. h. das Unvermögen, sich den oft wechselnden Anforderungen der Produktion und des Verkaufs anzupassen, kann durch keine fachlich qualifizierte Ausbildung wettgemacht werden. Wer die Betriebsverwaltung als Selbstzweck und nicht als Mittel zum Zweck der Leistungserfüllung ansieht, wer den Verwaltungsbereich von den übrigen Bereichen des Betriebes abschottet, ist als Verwaltungschef eines Großbetriebes ungeeignet.

Bei zentraler Betriebsverwaltung, aber dezentraler Geschäftsleitung, ein Zustand, wie er oft bei Großbetrieben mit örtlich verstreut liegenden Werken anzutreffen ist, entsteht ein weiteres personelles Problem. Der Chef der Verwaltung eines Großbetriebes mit dezentralen Leitungen befindet sich immer in räumlicher Nähe der Gesamtbetriebsleitung und arbeitet eng mit ihr zusammen. Die in räumlicher Entfernung arbeitenden und ziemlich selbständigen Werkleitungen haben vorwiegend nur schriftliche oder fernmündliche Verbindung mit der Gesamtbetriebsleitung. Allein durch diese Faktoren, die völlig unabhängig von der Person der Betroffenen entstehen, gewinnt vielfach der Verwaltungschef eine Stellung, die vielleicht seiner wirklichen Bedeutung für den Großbetrieb nicht entspricht. Kompetenzstreitigkeiten, Neid, Mißgunst und Intrige bahnen sich an, wenn der Verwaltungschef nicht einsichtig ist; und oft wird von ihm ein überdurchschnittliches Maß an Zurückhaltung und Takt gefordert, besonders wenn die Gesamtbetriebsleitung schwach ist oder die Werkleitungen in ihre Aufgaben erst hineinwachsen müssen. Die Schwierigkeiten und Reibungen, die sich aus rein personellen Gründen durch die Betriebsverwaltung ergeben können, werden mitunter als so schwerwiegend angesehen, daß selbst manche Großbetriebe auf eine zentrale Verwaltungsorganisation verzichten.

4. Organisationsgerechte Personalpolitik

Wir hoffen, mit diesen wenigen Hinweisen in den vorangegangenen Abschnitten schon genügend gezeigt zu haben, wie schwer die personellen Probleme in der Leitung und Betriebsverwaltung für das Leben der Betriebe, ihren Bestand und ihre organisatorischen Formen wiegen. Es ist daher kein Wunder, daß man immer wieder versucht hat, den Komplex „Mensch und Organisation", die Verbundenheit der personellen mit den organisatorischen Problemen, einer allgemeingültigen Lösung zuzuführen. Vielfach glaubt man, den aus der Natur des Menschen entspringenden Reibungen im Betriebsleben durch eine auf die jeweilige Betriebsorganisation zugeschnittene Personalpolitik am besten entgehen zu können. Das bedeutet nichts anderes, als daß man der Organisation und ihrer Form das Primat einräumt, dem der Mensch sich zu beugen hat. Man wählt die Menschen neben ihrer fachlichen Ausbildung vor allem danach aus, ob sie sich in das Organisationsschema des Betriebes einfügen können. Diese Ansicht wird teilweise in der neueren amerikanischen Organisationsliteratur von führenden Autoren vertreten.

Trundle und Peck verlangen: „Bevor jemand in eine Stellung berufen wird, muß seine Gesamtpersönlichkeit sorgfältig geprüft werden" und wollen diesen Gedankengang so verstanden wissen, daß z. B. die Untergebenen zu ihren Vorgesetzten *passen* müssen[17]. Noch schärfer verficht Kimball diese Idee, wenn er schreibt: „In den älteren Organisationsformen ergaben sich die Funktionen häufig aus dem gerade vorhandenen Personal, und in Klein- und Mittelbetrieben mag dies auch heute noch genügen. Aber in großen Industriewerken ist es von zwingender Notwendigkeit, daß zuerst die Funktionen festgelegt werden und das *Personal* dann in den allgemeinen Organisationsplan *eingepaßt* wird. Hieraus ist ein ganz neues Tätigkeitsfeld, ja, eine neue Funktion der Verwaltung entstanden, nämlich die Personalverwaltung. Ihre Hauptaufgabe ist es, die verschiedenen *Funktionen mit geeignetem Personal zu versorgen*"[18].

Urwick, der frühere Direktor des „International Management Institute" in Genf, übersieht zwar nicht die Komplikationen, die sich aus personellen Problemen in den Organisationsformen von Unternehmungen ergeben, „aber der Gedanke", so fügt er hinzu, „daß Persönliches immer und zu allen Gelegenheiten an erster Stelle berücksichtigt werden soll, ist einfach lächerlich. Die Vorstellung, daß Organisationen auf rein persönliche Pros und Contras aufgebaut und auf diese eingestellt werden müßten, statt daß die Menschen sich den Erfordernissen gesunder Organisationsprinzipien anpassen, ist genau so töricht wie der Versuch, eine Maschine nach den schrulligen Gedankengängen einer alten Jungfer zu konstruieren statt nach den Erfordernissen der Technik"[19].

James D. Mooney, der Vizepräsident der General Motors Corporation, betont die Organisation, ihre Prinzipien und Typen so stark, daß er bei Schwierigkeiten in den Betrieben mit den vorhandenen Kräften den

---

[17] Trundle and Peck, „Managerial Control of Business", John Wiley & Sons, Inc., New York, Chapman & Hall, Ltd., London 1948.

[18] *Kimball*, Principles of Industrial Organization, McGraw-Hill Book Comp., Inc., New York and London 1947, 6th Edition. (Hervorhebungen nicht im Original.)

[19] L. *Urwick*, Aufsatz: „Organization as a Technical Problem", enthalten in Luther Gulick and L. Urwick: „Papers on the Science of Administration", S. 85.

Ratschlag gibt, zunächst den Organisationsstand und nicht das Personal zu prüfen: *"Ten to one we must go to organization, rather than personnel, to find the real cause of the trouble"*[20]. Seine Meinung ist: „Jene Leitung, welche einer genauen Erklärung jeder Stelle und jeder Funktion in ihrer Beziehung zu anderen Stellungen und Funktionen eine vordringliche Bedeutung beimißt, mag bisweilen übertrieben formalistisch erscheinen. Im Endergebnis aber wird sie, wie die praktische Erfahrung zeigt, durchaus gerechtfertigt. Die genaue Definition von Funktionen ist tatsächlich eine unerläßliche Voraussetzung für jede erfolgreiche Wirksamkeit in jeder Art kollektiven und organisierten menschlichen Bemühens"[21].

Der Schweizer Gerwig ist anderer Meinung. Jenen, die der Ansicht sind, „die Menschen müssen immer gemäß der Organisation ausgewählt werden und nicht umgekehrt", hält er lakonisch entgegen: „erfahrene Unternehmer sind allerdings nicht immer dieser Ansicht"[22]. Bei Henry Ford „treibt der Andrang letzten Endes den Befähigten an den Platz, der ihm zukommt. Die Tatsache, daß kein Posten für ihn ‚frei' ist, bildet kein Hindernis, denn eigentliche ‚Posten' gibt es bei uns nicht. Wir haben keine fertig zurechtgestutzten Stellen — unsere besten Leute schaffen sich ihre Stellen selber"[23].

Somit stehen sich zwei Ansichten starr und schroff gegenüber. Der Forderung nach einer organisationsgerechten Personalpolitik liegt zweifellos die Absicht zugrunde, daß die einmal für zweckmäßig erkannte Organisation eines Betriebes nicht durch personelle Fehlbesetzungen, d. h. durch Personen, die nicht in die bestehende Organisationsform passen, gestört werden soll. Hat aber die einmal gewählte Organisation Gültigkeit für immer? Organisation ist stets etwas Bewegliches, niemals etwas Starres. Was heute richtig und zweckmäßig ist, kann in wenigen Jahren auf Grund veränderter Markt- oder Produktionsverhältnisse falsch sein. Kein Betrieb steht still, das gilt auch für das allgemeine Wirtschaftsleben. Die einmal für eine ganz bestimmte Organisationsform ausgewählten Menschen sind dann aber ein Hindernis für die erforderliche Anpassung der Betriebsorganisation an die neuen Verhältnisse. Eine Personalpolitik, welche grundsätzlich für alle im Betrieb Tätigen im Einklang mit dem gerade bestehenden Organisationsschema auswählt, ist einseitig. Eine solche einseitige Personalpolitik birgt aber Gefahren in sich, die für die Betriebsentwicklung größere Nachteile mit sich bringen kann, als sie aus einer personell

---

[20] „Fast immer ist die Ursache des Übels in der Organisation und nicht beim Personal zu suchen." James D. *Mooney*, Aufsatz: „The Principles of Organization", enthalten in Luther Gulick and L. Urwick, a. a. O., S. 92.
[21] James D. *Mooney*, ebenda, S. 93.
[22] E. *Gerwig*, a. a. O., S. 30/31.
[23] H. *Ford*, a. a. O., S. 113.

4. Organisationsgerechte Personalpolitik

homogenen Zusammensetzung Vorteile zu ziehen vermag. Ein weiterer Einwand gegen eine organisationsgerechte Personalpolitik ergibt sich daraus, daß ihre Durchführung von der Voraussetzung abhängig ist, daß eine genügend große Auswahl an voll geeigneten Personen vorhanden ist. Dies ist aber gerade bei der Besetzung von Stellen, die in einem Betrieb mit hochqualifizierten Personen besetzt werden müssen, nur selten der Fall.

Dennoch kann der Grundgedanke einer organisationsgerechten Personalpolitik, sofern er verständig und behutsam angewendet wird, für die Organisation und insbesondere für die Einheit der Leitung eines Großbetriebes nützlich sein. Naturen, die in erster Linie selbst Verantwortung tragen und selbst leiten und handeln wollen, eignen sich erfahrungsgemäß weniger gut als Berater, z. B. als Leiter von Stabsdienststellen mit beratenden Funktionen. Sie würden zu Übergriffen in die Exekutivstellen des Betriebes, d. h. der Linienorganisation, neigen. Sie verwischen somit infolge gewisser zu stark ausgeprägter Charaktereigenschaften die bestehende Organisationsform, die — bei aller Zusammenarbeit — dennoch auf einer klaren Scheidung zwischen „Line and Staff" basiert. Es wäre daher gewagt, wollte man für gewisse Stabsstellen Persönlichkeiten mit solchen Veranlagungen auswählen. Es ist eine Tatsache, daß es in jedem Großbetrieb Stellenleiter gibt, die neben ihrer Sachkenntnis noch Charaktereigenschaften aufweisen müssen, die nicht jedem eigen sind. Wir haben dies bei der Besetzung des Verwaltungschefs bei zentraler Betriebsverwaltung bereits besprochen.

Dies gilt aber auch für die Geschäftsleitung. Sind in einem mehrköpfigen Vorstand bereits starke Spannungen vorhanden, so kann es bei einer Neubesetzung des Postens des Vorsitzers einzig von dessen Charaktereigenschaften abhängen, ob die Spannungen zwischen den einzelnen Vorstandsmitgliedern verstärkt oder vermindert werden, ob sie sich destruktiv oder aufbauend für den Betrieb auswirken.

Eine organisationsgerechte Personalpolitik sollte daher stets dort bewußt durchgeführt werden, wo die gewählte Organisationsform ein *unbedingt reibungsloses Zusammenspiel* erfordert, um überhaupt wirksam werden zu können. Dies ist z. B. bei einer echten Funktionalisierung und bei Kollegialverfassungen der Fall. Ferner ist sie durchaus berechtigt, wenn es gilt, bereits bestehende menschliche Spannungen zu mildern. Zu einer organisationsgerechten Personalpolitik können also sowohl organisatorische als auch personelle Gründe führen. Will eine Geschäftsleitung aber keine Spannungen mildern, sondern sie grundsätzlich lösen und vertragen die Gegebenheiten des Betriebes ohne besondere Schwierigkeiten häufigere Änderungen in der Organisationsform, so kann man dem freien Spiel der Kräfte innerhalb des Leitungs- und Verwaltungsorgans seinen Lauf lassen. Die stärkere Persönlichkeit wird sich dann durchsetzen, sprengt den Rahmen der bisherigen Organisation und gießt diese kraft eigenen Gestaltungswillens und -vermögens in jene Form, die ihr angemessen ist. Wirklich befähigte Köpfe, Führer im besten Sinne, können nur in den ihnen arteigenen Organisationsformen schöpferisch tätig sein und ein Höchstmaß an Leistungen und Erfolgen erzielen. Sie begnügen sich nicht mit der „Konfektion", sondern verlangen eine Organisation „nach Maß". Aufgabe der Leitung — auch der sekundären — ist es dann, dafür zu sorgen, daß bei dieser Konkurrenz der Besten nicht Rücksichtslosigkeit mit Stärke verwechselt wird. Wichtiger als alles Ausrichten nach einem bestimmten *System* ist die Kenntnis und undogmatische Anwendung der verschiedenen Organisationsgrundsätze im täglichen Betriebsleben. Aber jede nur sachliche Gestaltung der Dinge — so wichtig und weittragend sie ist — wird stets Fragment bleiben; für die Gesamtschau von Geschäftsleitung und Betriebsverwaltung ist die Kenntnis und Beachtung der personellen Probleme unerläßlich. Ohne ihre Lösung kann kein industrieller Betrieb seine Aufgaben der Leistungserstellung nach dem wirtschaftlichen Prinzip erfüllen. Am Anfang und Ende aller wirtschaftlichen Dinge steht der Mensch.

Literaturverzeichnis

1. Deutsche Literatur

a) Bücher

Arbeitskreis Dr. Krähe der Schmalenbach-Vereinigung	Dienststellengliederung in der industriellen Unternehmung. Westdeutscher Verlag, Köln und Opladen, 1950.
Bender, Kurt	Pretiale Betriebslenkung unter besonderer Berücksichtigung der Organisation industrieller Betriebe. Betriebswirtschaftliche Bibliothek, herausgegeben von Prof. Dr. Hasenack, Reihe A VI, Essen 1951. Verlag W. Girardet.
Fayol, Henri	Allgemeine und industrielle Verwaltung. Herausgegeben vom internationalen Rationalisierungsinstitut. Verlag R. Oldenbourg, München und Berlin 1929.
Gutenberg, Erich	Grundlagen der Betriebswirtschaftslehre. 1. Band: Die Produktion. Springer Verlag, Berlin - Göttingen - Heidelberg 1951.
Hennig, Karl-Wilhelm	Betriebswirtschaftliche Organisationslehre. Springer Verlag, Berlin - Göttingen - Heidelberg 1942, 2. Aufl.
Nordsieck, Fritz	Die schaubildliche Erfassung und Untersuchung der Betriebsorganisation. C. E. Poeschel-Verlag, Stuttgart 1951, 4. Auflage.
Nordsieck, Fritz	Grundlagen der Organisationslehre. C. E. Poeschel-Verlag, Stuttgart 1934.
Schmalenbach, Eugen	Pretiale Wirtschaftslenkung. Band 1 und 2. Industrie- und Handelsverlag Walter Dorn G. m. b. H., Bremen-Horn.
Schneider, Erich	Industrielles Rechnungswesen. Verlag J. C. B. Mohr (Paul Siebeck), Tübingen 1954.
Schnutenhaus, Otto R.	Allgemeine Organisationslehre. Duncker & Humblot, Berlin 1951.
Schramm, Walter	Die betrieblichen Funktionen und ihre Organisation. Heft 1 der betriebs- und verkehrswirtschaftlichen Forschungen. Walter de Gruyter & Co., Berlin - Leipzig 1936.
Thoms, Walter	Betriebsverwaltung. C. E. Poeschel-Verlag, Stuttgart 1934.
Weber, Max	Grundriß der Sozialökonomik, III. Abt.: Wirtschaft und Gesellschaft. Verlag J. C. B. Mohr (Paul Siebeck), Tübingen 1921.

Literaturverzeichnis

b) Aufsätze

Bredt, Otto	Artikel: „Rationalisierung und Volkswirtschaft". Heft 2 der Schriftenreihe des RAW. Carl Hanser Verlag, München 1950, S. 22.
Bredt, Otto	Artikel: „Aufbau und Zusammenhänge der Preiskalkulation und Stückkostenrechnung". TuW, 1937, Heft 12, S. 342—350.
Bredt, Otto	Artikel: „Preisplanung oder Plankosten". TuW, 1938, Heft 12, S. 331—337.
Bredt, Otto	Artikel: „Aufbau und Zusammenhänge der Planung". TuW, 1938, Heft 8, S. 222—224.
Bredt, Otto	Artikel: „Auftragsrechnung oder Abteilungsrechnung". TuW, 1940, Heft 3, S. 43—46; TuW, 1940, Heft 4, S. 62—67; TuW, 1940, Heft 5, S. 83—88.
Le Coutre, Walter	Artikel: „Betriebsorganisation". In: Die Handelshochschule. Herausgegeben von Prof. Dr. Schmidt, Industrieverlag Spaeth & Linde, Berlin - Wien, ohne Jahresangabe; Lieferungen 37, 40 b und 41.
Haas, Franz	Artikel: „Wirtschaftlichkeit und Betriebsrentabilität". BFuP, 1949, Heft 8, S. 484.
Hundhausen, Carl	Artikel: „Amerikas 50 bedeutendste Wirtschaftsführer". ZfhF, 1949, Heft 2, S. 58.
Krähe, Walter	Artikel: „Organisatorische Probleme im Großbetrieb". WP, 1948, Nr. 6, Ausgabe B, S. 13.
Lohse, Adolf	Artikel: „Die organische Fortentwicklung des Betriebes". In der Festschrift zum 60. Geburtstag von Wilhelm Kalveram „Die Führung des Betriebes". Herausgegeben von Karl Theisinger. Industrieverlag Spaeth & Linde, Berlin - Wien 1942, S. 179.
Niederauer, Fritz	Artikel: „Die Leitungsorganisation der Betriebes". In der Festschrift zum 60. Geburtstag von Wilhelm Kalveram „Die Führung des Betriebes". Herausgegeben von Karl Theisinger. Industrieverlag Spaeth & Linde, Berlin - Wien 1942, S. 152.
Riester, W.	Artikel: „Die Organisation". In: W. Prion „Die Lehre vom Wirtschaftsbetrieb", 3. Buch. Verlag Julius Springer, Berlin 1936, S. 108.
Potthoff, Erich	Artikel: „Die Organisation des Personalwesens in der industriellen Unternehmung". ZfhF, 1950, Heft 12, S. 555.
Theisinger, Karl	Artikel: „Die Führung der Unternehmung als organisatorisches Problem". ZfB, 1933, Heft 11, S. 658.
Wirtz, Carl	Artikel: „Die betriebswirtschaftlichen Grundlagen und Formen der Betriebsführung". WP 1948, Nr. 6, Ausgabe B, S. 20.
Wirtz, Carl	Artikel: „Organisationsformen der Betriebsführung". ZfhF, 1949, Heft 1, S. 10.

c) Festschriften, Zeitschriften und sonstige deutsche Literatur

Die Führung des Betriebes. Festschrift zum 60. Geburtstag von Wilhelm Kalveram. Herausgegeben von Karl Theisinger. Industrieverlag Spaeth & Linde, Berlin - Wien 1942.

Die Aufgaben des Arbeitsdirektors. Dienststellengliederung des Fachbereichs Arbeitskraft. Manuskript des wirtschaftswissenschaftlichen Instituts der Gewerkschaften, Köln 1948.

Fachbereiche der Arbeitsdirektoren in den entflochtenen Werken. Manuskript des wirtschaftswissenschaftlichen Instituts der Gewerkschaften, Köln 1948.

2. Schweizer Literatur

Gasser, Christian	Arbeitsteilung und Zusammenarbeit in ihren organisatorischen Formen. Polygraphischer Verlag, Zürich 1939.
Gasser, Christian	Artikel: „Der Mensch im modernen Industriebetrieb". ZfhF, 1950, Heft 8, S. 359.
Gerwig, Ernst	Organisation und Führung industrieller Unternehmungen". Verlag des Schweizerischen Kaufmännischen Vereins, Zürich 1947.
Gsell, Emil	Artikel: „Der Individual- und der Kollektivgedanke in der Leitung der Betriebswirtschaft". In: Individuum und Gemeinschaft, Festschrift zur Fünfzigjahrfeier der Handelshochschule St. Gallen, 1949, Verlag der Fehrschen Buchhandlung, St. Gallen, 1949, S. 63.
Ulrich, Hans	Betriebswirtschaftliche Organisationslehre. Verlag Paul Haupt, Bern, 1949.

3. Amerikanische Literatur

a) Bücher

Bethel, L. L. *Smith, G. H. E.* *Atwater, F. S.* *Stackman, H. A.*	Industrial Organization and Management. McGraw-Hill Book Company Inc., New York & London 1945, 1st Edition.
Drucker, Peter F.	Concept of the Corporation. John Day Comp., New York 1946, 3rd Edition.
Gulick, Luther *Urwick, L.*	Papers on the Science of Administration. Institute of Public Administration, Columbia University, New York 1937.
Kimball, D. S. *Kimball, D. S. jr.*	Principles of Industrial Organization. McGraw-Hill Book Comp., Inc., New York & London 1947, 6th Ed.

Literaturverzeichnis

Shallenberger, Frank K.   Production Management in Small Plants. Deutsch von I. M. Witte, erschienen unter dem Titel „Rationalisierung der kleinen Produktionsbetriebe" als Rationalisierungsbrief Nr. 7. Herausgegeben von I. M. Witte, Berlin, und Otto Bredt, Hannover. Schriftleitung: Berlin-Lichterfelde-Süd.

Trundle, George T. jr.
Peck, S. A.   Managerial Control of Business. John Wiley & Sons, Inc., New York, Chapman & Hall, Ltd., London 1948.

b) A u f s ä t z e

Follett, Mary Parker   The Process of Control.

Gulick, Luther   Notes on the Theory of Organization.

Lee, John   The Pros and Cons of Functionalization.

Mooney, James D.   The Principles of Organization.

Urwick, L.   a. Organization as a Technical Problem.
b. The Function of Administration.

Vorstehende Artikel sind enthalten in "Papers on the Science of Administration" by Luther Gulick and L. Urwick, Institute of Public Administration, Columbia University, New York 1937.

Verzeichnis der Abkürzungen

BFuP   Betriebswirtschaftliche Forschung und Praxis. Heckners Verlag, Wolfenbüttel.

TuW   Technik und Wirtschaft. VDI-Verlag, Berlin.

WP   Die Wirtschaftsprüfung, Betriebswirtschaftliches Archiv und Fachorgan für das wirtschaftliche Prüfungs- und Treuhandwesen. Herausgegeben vom Institut der Wirtschaftsprüfer. C. E. Poeschel-Verlag, Stuttgart.

ZfB   Zeitschrift für Betriebswirtschaft. Betriebswirtschaftlicher Verlag Dr. Theodor Gabler, Wiesbaden.

ZfhF   Zeitschrift für handelswissenschaftliche Forschung. Herausgegeben von Prof. Dr. Karl Hax. Westdeutscher Verlag, Köln und Opladen.

Printed by Libri Plureos GmbH
in Hamburg, Germany